GW00691919

Postres
y frutas

Postres y frutas

Edición y coordinación: Jaume Prat
Diseño de interior y cubierta: Marta Oró / La Page Original
Fotografías: Rodrigo Díaz Wichmann www.rodrigodiaz.net
Dirección de arte: Camilla Brindfors
Cocinero: Eduardo Velardell (restaurante La Luna)
Asistentes de fotografía: Stine Caesar y Antonio Marenco
Fotografía de portada: A. J. J. Estudi / RBA
Maquetación y fotomecánica: Aura Digit

© de las fotografías: Rodrigo Díaz Wichmann
© 2005, RBA Libros, S.A.
Pérez Galdós 36 – 08012 Barcelona
www.rbalibros.com / rba-libros@rba.es

Primera edición: diciembre de 2005

Ref.: OLPG-053 / ISBN: 84-7871-514-2
Dep. Legal: B.51116-2005
Impreso por Egedsa

Postres
y frutas

s u m a r i o

Introducción
Los postres y las frutas 6
Ingredientes 8
Consejos y técnicas 10

Recetas para la primavera 12

Macedonia de frutas 14
Crema de albaricoques 16
Flan de frutas rojas 18
Buñuelos de fresas 20
Ciruelas al horno con nueces 22
Crema catalana 24
Pastel de plátano al ron 26
Tarta de naranja 28
Crema de yogur y manzanas 30
Pastel de requesón 32
Peras al vino tinto 34
Buñuelos de Cuaresma 36
Crema de zumo de frutas 38

Recetas para el verano 40

Brochetas de frutas con chocolate 42
Albaricoques al horno 44
Melocotones con yogur y vinagre de Módena 46
Sorbete de sandía al cava 48
Tarta de cerezas 50
Melocotones rellenos al horno 52
Fresas con requesón 54
Fruta gratinada al calvados 56
Mousse de cerezas 58
Melón al yogur 60
Pastel de ciruelas 62
Puding de arroz con puré de frutas 64
Tarta de fresas y nueces 66
Mousse de moras, manzana y naranja 68

Recetas para el otoño   70

Crema de mandarina y té   72

Tarta de uvas   74

Peras rellenas al oporto   76

Pastel de higos frescos   78

Melocotones melba   80

Flan de mandarina   82

Manzanas rellenas al horno   84

Melón al oporto   86

Pastel de membrillo y queso   88

Tarta de castañas   90

Higos al horno con frutas del bosque   92

Pastel de chocolate con nueces   94

Tarta de peras   96

Recetas para el invierno   98

Tarta de mandarinas y almendras   100

Tatín de manzanas   102

Flan de pasas y nueces al ron   104

Tarta de cuajada   106

Melón al ron con menta y limón   108

Flan de queso fresco   110

Mousse de chocolate   112

Tarta de dátiles, naranja y pasas   114

Pastel de queso, naranja y miel   116

Tarta de limón   118

Arroz con leche   120

Tarta de manzana   122

Tiramisú   124

Índice alfabético de recetas   127

Grasas, azúcares, derivados
lácteos grasos, mantequilla,
nata, mermeladas, chocolate,
miel, pasteles, helados,
postres.

Carnes vacunas, de cerdo, de
cordero, pollo, embutidos,
fiambres, pescados y
mariscos, quesos, leche,
derivados lácteos y huevos.

Verduras, hortalizas,
tubérculos y frutas.

Cereales, arroz, legumbres frescas, pan,
harinas y derivados, pastas, sémolas, etc.

La fruta y la dieta mediterránea

La fruta, al igual que las verduras, forma parte indisoluble de la dieta mediterránea desde hace milenios. La privilegiada situación del Mediterráneo en lo que concierne al clima hace que sea una de las zonas con mayor abundancia y variedad de frutas de todo el planeta. Y no cabe duda de que gran parte de los beneficios para la salud que comporta la dieta mediterránea se debe al consumo habitual y abundante de todo tipo de frutas.

Desde un punto de vista nutricional, el grupo de las frutas está cerca de la base de la pirámide, lo que significa que las porciones diarias de fruta desempeñan un papel importante en una buena dieta, al proporcionar al organismo vitaminas fundamentales como la vitamina C, muy presente en frutas como las de la familia de los cítricos (naranjas, mandarinas, pomelos, limones, etc), las fresas y los melones. Las frutas también contienen hidratos de carbono y fibras en abundancia. Las pautas la pirámide nutricional

sugieren que se deberían comer al menos dos o tres porciones de este grupo de alimentos cada día, procurando que una de ellas sea rica en vitamina C.

El consumo habitual de fruta es sinónimo de salud, ya que desempeña un papel muy importante en el equilibrio de la dieta: su alto contenido de agua facilita la eliminación de toxinas del organismo y contribuye a mantener una buena hidratación; su alto contenido en fibra ayuda a regular la función intestinal; además, la fibra posee efectos beneficiosos en la prevención y el tratamiento de ciertas enfermedades (estreñimiento, exceso de colesterol, diabetes, obesidad, cálculos biliares, etc.). La fruta contiene antioxidantes naturales que protegen al organismo frente a enfermedades relacionadas con la degeneración del sistema nervioso, cardiovasculares, e incluso el cáncer. Por otra parte, tiene un escaso valor calórico.

Postres saludables

Elaborar un postre en forma de tarta o pastel no tiene por qué ser sinónimo de un perjuicio para la salud, ya que es posible disfrutar de postres sabrosos sin edulcorantes, sanos y muy fáciles de preparar.

De todos modos, los postres elaborados con abundancia de ingredientes como el azúcar, las harinas y los derivados lácteos grasos (quesos, mantequilla, etc.) son alimentos cuyo consumo conviene moderar si se desea seguir una dieta sana y equilibrada. Existen diversas patologías (como la diabetes o los niveles elevados de triglicéridos), en las que es necesario controlar la cantidad de azúcares en la dieta.

Emplear las frutas como ingrediente principal es una de las formas de conseguir postres ligeros e igualmente sabrosos, ya que poseen sabores exquisitos y colores y aromas que los hacen realmente apetecibles. Además, sus aplicaciones en la cocina son muy amplias, ya que su enorme variedad de sabores y texturas permite usarlas como ingrediente protagonista de tartas, bizcochos y pasteles. Además, existen preparaciones, como las frutas asadas, los granizados o algunas cremas y espumas, que les aportan un sabor realmente especial sin apenas aumentar su contenido en azúcar ni en calorías. Los postres a base de yogures y quesos frescos desnatados, o aquellos en que son un ingrediente principal, son también una alternativa muy saludable.

Significado de los iconos

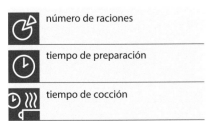

número de raciones

tiempo de preparación

tiempo de cocción

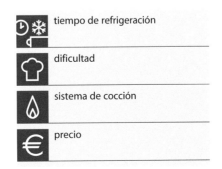

tiempo de refrigeración

dificultad

sistema de cocción

precio

La harina de trigo (normal o integral) es imprescindible para la elaboración de las distintas masas de tartas y pasteles. Existen tipos de harina especiales para repostería.

Los huevos, tanto la yema como la clara, juntos o separados, juegan un papel fundamental en la elaboración de masas, cremas y salsas. La leche y sus derivados ejercen un papel de importancia similar.

Dos grandes grupos

Los ingredientes de los postres se dividen en dos grandes grupos: los de los postres elaborados principalmente con frutas, frescas, cocidas o asadas, y el de los postres llamados de pastelería o repostería, en los que intervienen como ingredientes imprescindibles la harina, el azúcar y la leche y sus derivados (mantequilla, queso, yogur, etc). En los postres también tienen gran importancia alimentos como el chocolate o los vinos y licores, que pueden intervenir en los dos grupos citados.

El azúcar blanco refinado es uno de los ingredientes con los que hay que tomar más precauciones debido a su alto valor calórico. Sólo aporta calorías y ningún nutriente, y tomado en exceso supone un riesgo para la salud.

La miel es un buen sustituto del azúcar desde el punto de vista dietético, ya que contiene pequeñas proporciones de nutrientes beneficiosos para la salud. Además, es decididamente más aromática y gustosa.

La masa, hecha a base de harina y agua, con o sin levadura, a la que se puede añadir mantequilla o aceite, azúcar, leche, huevos, etc., es la base de casi todas las tartas y pasteles. En la actualidad se puede comprar todo tipo de masas preparadas.

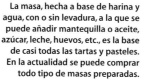

Los helados son digestivos y muy refrescantes, y se toman como postre protagonista o como acompañamiento de otros postres, con los que contrasta por su temperatura y su textura.

Las naranjas y las mandarinas son las reinas de los cítricos. Jugosas y dulces si están en sazón, resultan un postre inigualable, muy rico en vitamina C, al igual que los limones, que intervienen en numerosísimas recetas como elemento aromatizante.

La uva es una de las frutas básicas de la dieta mediterránea. Las variedades de mesa auténticas, de temporada, son una delicia para el paladar y contienen una gran cantidad de vitaminas y nutrientes.

Los higos frescos son una fruta tremendamente delicada, que admite muy poca manipulación desde que es recogida, por lo que está disponible durante muy poco tiempo en los mercados.

La manzana es la fruta por excelencia. Se toma cruda, asada, cocida o en todo tipo de macedonias, tartas y pasteles, combina con casi todo y es una de las mayores aliadas de una dieta sana.

Las peras, con sus numerosas variedades, son deliciosas si han madurado en el árbol, pero aunque no sean de tanta calidad pueden usarse, cocidas o asadas, para elaborar postres suculentos.

Los plátanos, aunque de origen oriental, pertenecen a la dieta mediterránea desde hace siglos y se han convertido en actores imprescindibles de los postres de tipo macedonia y de algunos pasteles.

La sandía y el melón, dulces y cargados de aromas, son la fruta más refrescante del verano. Con ellos se pueden hacer helados, mousses, granizados, y también «emborracharlos» con vinos y licores.

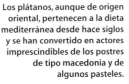

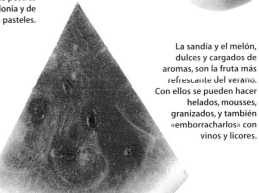

Las frutas del bosque, como las grosellas, las frambuesas, las moras y los arándanos abundan menos en la gastronomía mediterránea, pero son la base de numerosas tartas y también un magnífico adorno para muchos postres.

Las cerezas y los melocotones, de temporada y en su punto óptimo de maduración, son frutas difícilmente superables en sabor y aroma. Al igual que la mayoría de frutas, admiten todo tipo de preparaciones.

Los frutos secos como las nueces, las avellanas, las almendras, las pasas o los higos, las ciruelas y los albaricoques secos están disponibles durante todo el año y resultan una buena fuente de energía para el organismo.

Técnicas diversas

Las técnicas culinarias para la elaboración de postres son muy diversas según el tipo de ingredientes. En los postres realizados con las frutas como ingrediente principal se requieren muy pocas técnicas específicas, aparte de la manipulación más o menos cuidadosa y elaborada. En cambio, cuando se trata de hacer tartas o pasteles hay que conocer algunas técnicas culinarias básicas para elaborar ingredientes como la masa, las cremas, el almíbar, etc.

Algunas técnicas

El baño maría es un modo especial de cocción para los preparados que es mejor que no hiervan en recipientes colocados directamente sobre el fuego. La operación se hace introduciendo la vasija con la preparación en otro recipiente mayor que contiene agua caliente hasta la mitad de su capacidad, o más. El agua debe mantenerse a una temperatura constante próxima a la ebullición (95 °C). Se emplea para cocer flanes, hacer confituras, etc.

El almíbar es una solución concentrada de agua y azúcar que se hierve hasta que se espesa y adquiere la consistencia de un jarabe. Los diferentes puntos de cocción del almíbar se definen según la consistencia final: hebra, hebra dura, bola blanda y bola dura. El último punto es el caramelo.
Para hacer un almíbar se necesitan 200 g de azúcar y un vaso de agua. Se colocan a fuego bajo en un cazo y se va removiendo con una cuchara de madera hasta que el azúcar se disuelva. Entonces se deja de remover y se espera, sin retirar del fuego, hasta que el líquido alcance el punto deseado. Para un almíbar ligero el tiempo es de unos tres minutos.

La cobertura de chocolate es una sencilla técnica para bañar pasteles, tartas y bizcochos en una salsa de chocolate de color blanco o negro. El tipo de chocolate que se utiliza se llama chocolate de cobertura y tiene un alto contenido en manteca de cacao, que una vez cocinada y solidificada proporciona consistencia al postre que se ha bañado. No es conveniente usar otro tipo de chocolate, ya que el que se usa en polvo para hacer chocolate a la taza contiene mucha harina para que se espese y los que se consumen sólidos, como tabletas, tienen muy poca manteca de cacao. En los comercios se puede comprar sin ninguna dificultad chocolate de cobertura negro, blanco y con leche. Para preparar la cobertura se derrite el chocolate en un recipiente con leche (o nata líquida), al baño maría.

La pasta quebrada se hace trabajando la mantequilla (250 g) hasta conseguir una textura como de pomada. A continuación se añade el azúcar (250 g) y se mezcla hasta conseguir una masa uniforme. Después se añade un huevo y se mezcla de nuevo. Por último se agrega la harina (350 g) y se vuelve a mezclar hasta que esté totalmente incorporada. Se forma un rollo alargado, se envuelve en una hoja de film transparente y se deja reposar durante 24 horas en la nevera. Después, se hornea a 175 ºC durante 10-15 minutos, según el grosor.

La crema pastelera se hace poniendo a calentar leche (2 vasos), con una corteza de limón y un palito de canela, y reservando un poco de leche. Cuando la leche ha hervido un poco, se retira del fuego y, cuando esté templada, se le añaden 2 yemas de huevo mezcladas previamente con 2 cucharadas de maizena y la leche reservada. Se pone de nuevo al fuego, removiendo sin parar hasta que haya dado unos hervores y la crema haya tomado consistencia. Después de diluir la maizena con los huevos hay que pasar la mezcla por un colador fino.

Glosario de pastelería

Almíbar (sirope o jarabe): Azúcar disuelto en agua (y eventualmente unas gotitas de zumo de limón) que se pone a cocer hasta que queda consistente.

Batir: Agitar con más o menos rapidez uno o más ingredientes con la ayuda de una batidora manual de varillas o eléctrica.

Bizcocho: Preparación que se elabora con huevo, azúcar, harina y otros ingredientes, y que tiene una consistencia esponjosa debido al proceso de batido al que se somete.

Brisa: Palabra derivada del francés que designa las masas quebradas y arenisca.

Caramelizar (acaramelar): Cubrir cualquier preparación o molde con azúcar a punto de caramelo.

Caramelo: Azúcar tostado, de color dorado y sabor amargo y dulce al mismo tiempo. Se utiliza para colorear y para forrar los moldes en la pastelería. Su aplicación más usual es en los flanes.

Cuajar: Coagular o aportar una forma más o menos compacta por acción del calor o del frío en elaboraciones de repostería o culinarias.

Emborrachar: Empapar un postre (sobre todo bizcochos y masas) con almíbar, licor o vino (generalmente dulces).

Estirar: Aplastar en forma de lámina de un determinado grosor cualquier masa con la ayuda de un rodillo de cocina.

Flambear: Prender fuego a un licor en ciertas elaboraciones (se usa mucho en algunas frutas).

Forrar: Revestir el interior de un molde, ya sea con papel para hornear, con algún tipo de masa o con caramelo.

Gelatina: Sustancia de origen animal que se vende en sobres y se usa mucho (disuelta en agua) como emulsionante o estabilizante en caramelos, mermeladas, postres y helados.

Levadura: Fermento en polvo o prensado que hace aumentar el volumen de una masa, volviéndola esponjosa.

Ligar: Acción de hacer más espeso un líquido añadiéndole un segundo elemento (por ejemplo, leche y harina). También significa mezclar diversos ingredientes de forma homogénea.

Maizena: Harina fina de maíz.

Manga pastelera: Utensilio de diferentes materiales y de forma cónica para distribuir cremas o natas sobre las tartas, formando dibujos.

Masa: Nombre genérico que se da a un conjunto de ingredientes trabajados entre sí (harina, agua, mantequilla o aceite, azúcar, sal…) para formar la base de tartas y pasteles.

Montar: Acción de batir uno o varios ingredientes para que se esponjen, consiguiendo así mayor volumen y emulsión.

Mousse: Preparación de pastelería en la que los ingredientes forman una masa fina y esponjosa. Se suele servir fría o helada.

Pasta brisé (o pasta brisa): Pasta quebrada.

Pastel: Nombre genérico que se da a las tartas acabadas y decoradas.

Punto de nieve: Es el resultado de batir las claras de huevo, hasta conseguir una consistencia con la cual la clara no se despega de las varillas del batidor (o del tenedor).

Tamizar: Separar con el tamiz las partes más gruesas. Convertir en puré un género sólido, usando un tamiz.

Tarta: Elaboración de pasta brisa u hojaldre de forma redonda y unos dos centímetros de altura.

Untar: Embadurnar un molde o una masa con un ingrediente graso, como aceite o mantequilla.

primavera

Las primeras frutas primaverales empiezan a tomar el relevo a las últimas naranjas: fresas y fresones, nísperos, ciruelas, albaricoques, peras y melocotones devuelven a nuestro paladar los aromáticos recuerdos del último verano.

6 | 10 min. | 60 min. • | | • |

Macedonia de frutas

2 naranjas

2 peras

2 plátanos

2 manzanas

200 g de fresas

1 copa de kirsch

1 vaso de vino dulce

2 cucharadas de azúcar

La macedonia de frutas es el postre emblemático de la dieta mediterránea: simple, sabrosísimo y muy nutritivo, reúne todos los sabores y aromas posibles y se puede preparar de mil maneras.

1 Limpia las fresas, elimina el tallo y guárdalas en la nevera.

2 Pela las naranjas, las manzanas y las peras (elimina el corazón) y córtalas a dados. Pela los plátanos y córtalos a rodajas.

3 Pon toda la fruta en un cuenco, riégala con el vino y espolvoréala con el azúcar. Mete el cuenco en la nevera.

4 Sácalo al cabo de 15 minutos y remueve la fruta con cuidado, para que se impregne bien. Repite esta operación dos o tres veces más. La última vez, añade el kirsch (hay quien prefiere otro licor, como el Cointreau o un licor a base de naranja) y las fresas partidas en cuatro trozos.

5 Deja reposar en la nevera durante media hora más. Antes de servir, puedes adornar los cuencos individuales con nata montada o con un chorro de nata líquida.

En esta receta se han escogido algunas de las frutas más fáciles de encontrar en primavera, pero a medida que avanza la estación se puede incorporar cualquier fruta que aparezca en el mercado.

Siempre es aconsejable usar frutas de temporada y, a ser posible, del área mediterránea, pues las que llegan refrigeradas desde otras zonas suelen ser mucho menos sabrosas.

Si todavía no hace demasiado calor, puedes dejar reposar la macedonia a temperatura ambiente durante la última media hora.

PROPIEDADES POR RACIÓN:

Proteínas: 1,43 g   H. Carbono: 35,04 g   Grasas: 0,5 g   Colesterol: 0 mg   Calorías: 173,12 kcal

Crema de albaricoques

1/2 kg de albaricoques
200 g de azúcar
2 huevos
100 g de nata montada
12 frambuesas

Los albaricoques de buena calidad son cada vez menos frecuentes, pero vale la pena buscarlos porque son una de las frutas más deliciosas de la huerta mediterránea.

1 Lava los albaricoques, pártelos por la mitad y elimina el hueso. Ponlos a hervir en una olla tapada con medio vaso de agua y el azúcar, a fuego muy bajo.

2 Al cabo de 30 minutos, pásalo todo por la batidora hasta obtener un puré y déjalo enfriar. Precalienta el horno a 180 ºC.

3 Bate los huevos y agrégalos al puré de albaricoque. Mezcla bien y vierte el puré en cuencos o moldes individuales que puedan ir al horno.

4 Introduce los cuencos en una bandeja honda, con agua, y hornea al baño maría durante 30 minutos.

5 Deja enfriar y adorna los cuencos con la nata y las frambuesas.

Puedes encontrar la nata montada en espray en la mayoría de supermercados y grandes superficies.

Si no encuentras frambuesas (en algunos comercios las venden también congeladas) puedes adornar las raciones individuales con cualquier otro tipo de fruta roja.

Para aligerar la receta, nada más sencillo que prescindir de la nata montada.

PROPIEDADES POR RACIÓN:

Proteínas: 4,78 g   H. Carbono: 60,13 g   Grasas: 11,35 g   Colesterol: 127,75 mg   Calorías: 361,8 kcal

Flan de frutas rojas

300 g de cerezas

4 fresas

8 frambuesas

4 huevos

1 l de leche desnatada

250 g de azúcar

2 cucharaditas de vinagre

Un flan original, con un toque de sabor muy pronunciado, que puede llegar a un agradable punto de acidez si se usan frutas que no estén excesivamente maduras y se reduce la cantidad de azúcar.

1. Lava las cerezas y quítales el hueso. Precalienta el horno a 200 ºC.

2. En una sartén antiadherente, prepara un caramelo con 100 g de azúcar y cubre con él un molde para el horno, o moldes individuales.

3. Añade 100 g más de azúcar a la sartén, déjalo fundir de nuevo y agrega las cerezas y una cucharada de vinagre. Cuece lentamente, removiendo sin parar, para que las cerezas suelten el jugo.

4. Bate los huevos en un cuenco grande, añade el resto del azúcar y la leche, y mézclalo todo bien.

5. Cuela las cerezas y agrégalas al cuenco. Remueve para mezclarlo y viértelo en el molde con el caramelo. Mételo en el horno, al baño maría, durante media hora.

6. Vierte en la sartén el jugo de las cerezas, agrega otra cucharadita de vinagre y deja reducir hasta que te quede una salsa espesa, que servirá para acompañar el flan una vez frío y desmoldado.

7. Decora el flan con las fresas partidas a trozos y las frambuesas.

Este flan también se puede hacer con una mezcla de cerezas y fresas (cocinando las fresas al mismo tiempo que las cerezas, en la misma sartén). Se suele decorar con grosellas y frambuesas, o con unas hojitas de menta.

Las frutas han de cocerse previamente para que suelten el jugo, pues de lo contrario el exceso de líquido estropearía el flan, impidiendo que cuajase adecuadamente.

PROPIEDADES POR RACIÓN:

Proteínas: 17,05 g	H. Carbono: 81,52 g	Grasas: 6,27 g	Colesterol: 206,25 mg	Calorías: 451,40 kcal

4-6 | 20 min. | 10 min. | | • | sartén | •

Buñuelos de fresas

24 fresones
125 g de harina
1/2 sobre de levadura
1/2 vaso de leche desnatada
1 huevo
6 cucharadas de azúcar
1 cucharada de licor de frutas
1 cucharadita de canela en polvo
1 cucharada de aceite de oliva
1 taza de aceite de oliva (para freír)
sal

Una manera sorprendente y muy original de preparar las fresas, que adquieren un sabor totalmente distinto gracias al rebozado, una técnica muy poco usada a la hora de preparar postres de frutas.

1 En cuenco grande, mezcla la harina, la levadura, la yema del huevo, una cucharada de aceite, el licor y una pizca de sal.

2 Agrega la leche poco a poco y mezcla bien hasta obtener una pasta sin grumos. Bátelo todo bien con una varilla. Tapa el cuenco y déjalo reposar a temperatura ambiente durante unas tres horas.

3 Pasado este tiempo, monta la clara a punto de nieve y agrégala a la pasta. Mezcla bien.

4 Pon a calentar el aceite en una sartén, lava las fresas, quítales el tallo y pásalas por la pasta de rebozar.

5 Cuando el aceite esté caliente, ve friendo las fresas con rapidez, cuidando que la capa de rebozado quede solamente dorada. Ponlas a escurrir en papel absorbente, colócalas en una bandeja y espolvorea por encima con el azúcar y la canela.

Procura comprar fresas de tamaño medio, pues los fresones muy grandes quedarán fríos en su interior y además son mucho menos sabrosos.

Esta receta se presta muy bien a los experimentos con distintos licores de frutas, y también con todo tipo de vinos dulces, que aportan al rebozado toques de sabor sorprendentes. Es muy importante, sin embargo, ser muy prudente con la cantidad, pues el exceso puede enmascarar el sabor de la fruta.

PROPIEDADES POR RACIÓN:

Proteínas: 5,30 g   H. Carbono: 53,10 g   Grasas: 23,78 g   Colesterol: 40,56 mg   Calorías: 449,31 kcal

| 4 | 30 min. | 45 min. | | | ● | horno | ● |

4 tazas de ciruelas pasas

6 claras de huevo

6 cucharadas de azúcar

2 cucharadas de zumo de limón

2 tazas de nueces picadas

Ciruelas al horno con nueces

Éste es un postre oriental, de origen árabe, muy común en Palestina, donde le añaden diversos tipos de especias aromáticas.

1   Elimina las semillas de las ciruelas y córtalas en 4-6 trozos. Pon a calentar agua en una olla. Precalienta el horno a 180 ºC.

2   Bate las claras a punto de nieve y agrega el azúcar poco a poco. Sigue batiendo 10 minutos más, añade el zumo de limón y mezcla bien. Por último, incorpora las nueces picadas y las ciruelas, y acaba de mezclar.

3   Unta con mantequilla un molde para el horno y vierte en él la mezcla de ciruelas. Escoge otro recipiente en el que encaje bien el molde y llénalo hasta la mitad con el agua caliente.

4   Coloca el molde dentro del recipiente, acaba de llenar con agua hasta el borde del molde y déjalo en el horno al baño maría durante 45 minutos. No abras el horno hasta el final.

5   Apaga el horno y deja reposar durante 5 minutos, sin abrirlo. Saca el molde, déjalo enfriar y desmolda sobre una bandeja.

Una forma de lograr que este postre adquiera una textura más suave consiste en tener las ciruelas en remojo durante media hora en agua caliente.

Otra forma de añadirle un sabor suplementario consiste en dejarlas macerar durante una hora en vino dulce o en una mezcla de vino y agua. En este caso, es conveniente calentar la mezcla a fuego suave (ciruelas incluidas) durante 5 minutos.

PROPIEDADES POR RACIÓN:

| Proteínas: 11,76 g | H. Carbono: 82,66 g | Grasas: 16,36 g | Colesterol: 0 mg | Calorías: 525,55 kcal |

| 6 | 10 min. | 30 min. | | | ● | olla | ● |

Crema catalana

3 vasos de leche desnatada
5 yemas de huevo
200 g de azúcar
1 cucharadita de raspadura de limón
2 cucharadas de almidón
1 ramita de canela

Este delicioso postre, típico de Cataluña, es una variante de las típicas natillas y actualmente se puede encontrar en casi cualquier parte de España e incluso en el extranjero.

1 Disuelve el almidón en un poco de leche y resérvalo.

2 Calienta el resto de la leche en una olla pequeña, con el azúcar (reserva tres cucharadas) y la raspadura de limón. Cuando arranque el hervor, baja el fuego y remueve para que el azúcar se disuelva bien y la leche quede impregnada con el aroma del limón.

3 Añade la leche con almidón, la yemas y la canela, y remueve lentamente durante unos 10 minutos, para que quede todo bien mezclado, sin grumos, a fuego muy bajo y sin que llegue a hervir.

4 Vierte la mezcla en cuencos individuales (tradicionalmente se usan cazuelitas de barro) y deja enfriar a temperatura ambiente o en el frigorífico. Retira previamente la canela.

5 Antes de servir, espolvorea la superficie con el azúcar reservado y tuéstalo con un quemador.

Si no dispones de un quemador (una especie de plancha de hierro con mango, que se calienta sobre la llama) puedes añadir caramelo líquido o caramelizar el azúcar en una sartén.

También se puede usar una espátula de acero inoxidable (de las normales de cocina) calentada sobre la llama, aunque no es aconsejable hacerlo muchas veces, porque al final se estropean.

Si no tienes almidón, puedes usar harina de maíz.

PROPIEDADES POR RACIÓN:

| Proteínas: 6,31 g | H. Carbono: 38 g | Grasas: 4,82 g | Colesterol: 163,63 mg | Calorías: 220,61 kcal |

6	30 min.	30 min.	•	horno	•

Pastel de plátano al ron

4 plátanos

28 galletas maría

2 cucharadas de margarina

2 cucharadas de mantequilla

2 huevos

1/2 vasito de ron

1 pizca de nuez moscada

1 cucharadita de canela en polvo

4 cucharadas de nata líquida

Originario de Asia, el plátano apareció en los países orientales del Mediterráneo en el siglo VI, y desde entonces se convirtió en un componente habitual de la dieta mediterránea.

1   En un cuenco hondo, con un tenedor, haz una pasta triturando las galletas con la margarina y el ron. Si queda demasiado espesa y grumosa, puedes añadir unas gotas de leche. Forra con esta pasta un molde para el horno.

2   Funde la mantequilla en una sartén y agrega los plátanos (pelados y a rodajas), la nuez moscada y la canela. Deja cocer a fuego muy bajo hasta que los plátanos estén bien tiernos.

3   Distribuye el contenido de la sartén en el molde forrado. Bate los huevos con la nata y el azúcar (puedes añadir otro chorrito de ron) y vierte esta mezcla sobre los plátanos.

4   Introduce el molde en el horno a 180 ºC durante 30 minutos, o hasta que la superficie esté bien dorada.

Para enriquecer el sabor de este pastel se le puede añadir algunas cucharadas de mermelada de albaricoque sobre la capa de plátano, antes de agregar los huevos batidos.

Otro ingrediente que combina muy bien con el sabor del plátano es el coco rallado, espolvoreado encima de la mermelada.

El plátano es un alimento de un gran valor nutritivo. Contiene vitamina A y vitaminas del grupo B y ácido fólico, y es rico en potasio y magnesio

PROPIEDADES POR RACIÓN:

Proteínas: 4,85 g	H. Carbono: 33,89 g	Grasas: 21,08 g	Colesterol: 79,62 mg	Calorías: 364,20 kcal

Tarta de naranja

3 naranjas (con o sin piel)

3 huevos

1 sobre de levadura

4 vasos de azúcar

1 taza de aceite de girasol

3 vasos de harina

1 cucharadita de azúcar glass (en polvo)

1 cucharadita de canela molida

1/2 vasito de ron

1 cucharadita de mantequilla

Un postre muy fácil de preparar, sin grandes complicaciones, en el que contrastan agradablemente los sabores dulces con la acidez de los cítricos y el aroma del licor.

1 Pela bien las naranjas y córtalas a trozos de un par de centímetros. Precalienta el horno a 180 ºC. Si has decidido usarlas con piel, lávalas a conciencia.

2 Coloca los trozos en un bol grande, con los huevos, el azúcar, el aceite, la harina y la levadura. Tritúralo todo hasta obtener una pasta.

3 Vierte el contenido en una fuente de horno previamente engrasada con la mantequilla, y espolvorea por encima con el azúcar glass y la canela.

4 Introduce la fuente en el horno a 180 ºC durante 35 minutos aproximadamente, hasta que el pastel quede cuajado.

5 Mientras, prepara un almíbar con un vaso de agua, uno de azúcar y el ron, y viértelo por encima del pastel.

Si quieres preparar en casa el azúcar en polvo, mete en una trituradora el azúcar normal y tritúralo hasta que se convierta en polvo. Es muy importante que la trituradora esté perfectamente seca para que no humedezca el azúcar. Se puede utilizar también el molinillo de café, pero no es conveniente porque el polvo puede estropear el motor.

El almíbar se prepara haciendo hervir el agua y el azúcar (y en este caso el ron) hasta que quede una solución más o menos espesa, como una especie de jarabe.

PROPIEDADES POR RACIÓN:

Proteínas: 15,37 g	H. Carbono: 164,92 g	Grasas: 67,83 g	Colesterol: 150,37 mg	Calorías: 900,93 kcal

| 4 | 15 min. | 15 min. | | • | olla | • |

4 manzanas medianas
3 yogures naturales
50 g de azúcar
1/2 limón
1/2 cucharadita de canela en polvo

Crema de yogur y manzanas

Un postre muy sano y nutritivo, y al mismo tiempo muy fácil de preparar, que además presenta la ventaja de que permite aprovechar piezas de fruta que empiezan a estropearse.

1 Pela 3 manzanas, quítales el corazón y córtalas a trozos de un par de centímetros, o a láminas delgadas.

2 En una olla pequeña, prepara una mezcla con un vaso de agua, el azúcar, el zumo del medio limón y la canela.

3 Ponla a fuego bajo y cuece las manzanas durante unos 15 minutos. Después, déjalas enfriar y tritúralo todo hasta obtener un puré.

4 Vierte el puré en un cuenco hondo, añade los 3 yogures y mézclalo todo bien, hasta que quede como una crema.

5 Pela la manzana restante y pártela en dados pequeños. Reparte la crema en cuencos individuales y decóralos con los trozos de manzana y una pizca de canela en polvo. Si te apetece un postre más fresco, puedes meterlos en la nevera durante media hora.

Este postre es ideal para aprovechar las manzanas que están empezando a estropearse y ya no tienen buen aspecto para ser utilizadas enteras como postre.

Esta receta queda muy sabrosa también con peras o con melocotones, siguiendo los mismos pasos, e incluso con una mezcla de peras y manzanas, o de las tres frutas mencionadas. En el caso de los melocotones, si están muy maduros no es necesario cocerlos previamente.

PROPIEDADES POR RACIÓN:

Proteínas: 3,92 g   H. Carbono: 26,8 g   Grasas: 2,57 g   Colesterol: 10,37 mg   Calorías: 147,73 kcal

Pastel de requesón

1/2 kg de requesón

5 cucharadas de miel

2 cucharadas de harina integral de maíz

100 g de harina integral de trigo

2 cucharaditas de levadura en polvo

100 g de pasas de Corinto

5 huevos

3 cucharadas de nata líquida

1 naranja (sólo la piel)

2 cucharadas de aceite de oliva

sal

Un postre delicioso que admite numerosas variaciones, desde los sabores más dulces hasta los ligeramente ácidos, si usamos ingredientes añadidos como el yogur y el limón.

1   En un cuenco hondo, prepara una masa con 100 g de harina integral de trigo, una cucharadita de levadura, 3 cucharadas de miel, la nata líquida, la yema de un huevo y una pizca de sal. Mezcla bien todos los ingredientes hasta que obtengas una pasta homogénea, sin grumos.

2   Unta un molde redondo y bajo con el aceite y cubre el fondo con una lámina de la masa obtenida.

3   Mete el molde en el horno a 180 ºC durante 10-15 minutos, hasta que veas que la masa se ha dorado ligeramente. Retíralo.

4   Mientras, tritura el requesón, las yemas de los cuatro huevos restantes, las 2 cucharadas de miel y la piel de la naranja rallada muy fina.

5   Mezcla la harina de maíz con la otra cucharada de levadura y las pasas, y añádelo todo a la pasta de requesón. Mezcla bien.

6   Bate aparte las cinco claras de huevo a punto de nieve y añádelas a la pasta de requesón. Vierte el preparado en el molde y métzlo en el horno (180 ºC) durante una hora. Déjalo enfriar bien antes de desmoldarlo.

Este pastel se puede preparar también con queso fresco e incluso con cuajada. Si se usa queso fresco, de consistencia más espesa, puede ser útil mezclarlo con medio yogur natural, que además le proporcionará un interesante toque ácido.

Para potenciar la vertiente ácida, se puede sustituir la ralladura de naranja por la de limón.

Una variante que le da un sabor muy especial consiste en añadir a la pasta de requesón un poco de pasta de membrillo (el equivalente a un par de cucharadas soperas). En este caso, se puede prescindir de las pasas.

PROPIEDADES POR RACIÓN:

Proteínas: 16,24 g   H. Carbono: 62,02 g   Grasas: 15,79 g   Colesterol: 14,62 mg   Calorías: 455,14 kcal

Peras al vino tinto

2 kg de peras blanquilla
1 botella de vino tinto de calidad
250 g de azúcar
1 limón
1 bastoncito de canela

Un postre tradicional de la cocina mediterránea, delicadamente perfumado y muy fácil de preparar, que combina las esencias frutales de la pera con el vigor del vino tinto.

1   Pela las peras, sin quitarles el rabo, y colócalas en una cazuela honda con el vino, la canela y la corteza de limón. Tapa la cazuela y deja hervir durante 10 minutos a fuego bajo.

2   Añade el azúcar y deja cocer las peras hasta que estén tiernas, removiendo de vez en cuando con una espátula de madera, con cuidado para no estropear las piezas de fruta, pero evitando que se peguen al fondo.

3   Cuando estén tiernas y el líquido se haya espesado (20-30 minutos), retira la cazuela del fuego y deja enfriar las peras a temperatura ambiente. El tiempo de cocción puede variar según el tipo de pera.

A la hora de comprar el vino procura escoger uno de buena calidad. En la cocina siempre es conveniente usar materias primas de primera. En el caso de los vinos y licores todavía es más importante, ya que deben impregnar con su sabor a todos los demás ingredientes.

Es recomendable que las peras sean de la variedad blanquilla, ya que su carne es firme y no se deshace con la cocción. Si usas otra variedad, procura que no estén demasiado maduras.

PROPIEDADES POR RACIÓN:

Proteínas: 1,58 g   H. Carbono: 79,68 g   Grasas: 1 g   Colesterol: 0 mg   Calorías: 411,07 kcal

| 6 | 30 min. | 10 min. | | • | sartén | • |

Buñuelos de Cuaresma

4 huevos

50 g de mantequilla

150 g de harina

200 g de azúcar glass

1 limón

1/2 l de aceite de oliva

1 cucharadita de canela en polvo

1 cucharadita de matalahúva

1 cucharadita de sal

Llamados también «de viento», estos buñuelos son un postre típico de la Cuaresma que ha sobrevivido hasta la actualidad y que se puede encontrar en las pastelerías en los días previos a Semana Santa.

1 Prepara una olla antiadherente con un vaso de agua, la piel del limón, la sal y la mantequilla, y deja hervir durante 5 minutos.

2 Retira la piel del limón y añade la harina, la matalahúva y la canela, removiendo sin parar con una cuchara de madera. Ve mezclando durante 2-3 minutos, hasta que la masa se vaya despegando de las paredes de la olla.

3 Retira del fuego y deja enfriar un poco. Después, añade los huevos y sigue mezclando enérgicamente hasta que se forme una pasta homogénea.

4 Pon a calentar el aceite en una sartén (o en la freidora) y, cuando esté bien caliente, ve formando bolitas de masa con dos cucharas y déjalas caer en el aceite. No frías demasiados buñuelos a la vez: deben quedar separados dentro de la sartén.

5 Gíralos con cuidado para que se frían bien por todos los lados y, cuando estén dorados (pero no oscuros), ponlos a escurrir en papel absorbente. Después, colócalos en una fuente y espolvoréalos con el azúcar en polvo.

En vez de azúcar en polvo se puede usar azúcar normal, haciendo rodar los buñuelos sobre un plato lleno.

La canela es opcional, al igual que la matalahúva, aunque proporcionan a los buñuelos unos aromas inconfundibles. En algunos lugares, en vez de matalahúva añaden a la masa una o dos cucharadas de anís dulce o seco, según los gustos.

Si no se consumen el mismo día o al día siguiente, conviene guardar los buñuelos en un recipiente hermético.

PROPIEDADES POR RACIÓN:

Proteínas: 6,79 g   H. Carbono: 51,39 g   Grasas: 20,38 g   Colesterol: 154,50 mg   Calorías: 420,38 kcal

6 | 10 min. | 10 min. | 30 min. | ● | cazuela | ●

2 vasos de zumo de melocotón

2 vasos de zumo de piña

2 vasos de zumo de naranja

2 limones (el zumo)

2 cucharadas de maizena

2 cucharadas de nata líquida

4 huevos

Crema de zumo de frutas

Un postre de una sencillez extrema, muy nutritivo y apropiado para los niños, ya que convierte a las «incómodas» frutas frescas en un alimento muy fácil de tomar.

1   Bate bien los huevos. Vierte los zumos, la maizena y los huevos batidos en una cazuela pequeña. Ponla a fuego bajo durante 10 minutos, removiendo sin parar y sin que hierva, hasta que el líquido se espese.

2   Vierte el contenido en cuencos de postre individuales, déjalos enfriar un poco y después métels en el frigorífico durante media hora.

3   Se pueden servir con un poco de nata en espray y una hojita de menta para decorar.

Como es natural, este postre se puede preparar con cualquier clase de zumo envasado de buena calidad, incluso con las mezclas de zumos ya preparadas (uva y melocotón, por ejemplo). Sin embargo, conviene siempre probarlos antes de preparar la receta, para controlar el grado de acidez y añadir un poco de azúcar si es necesario.

Otra opción, casi siempre más sabrosa y desde luego más saludable, consiste en preparar los zumos a partir de frutas naturales trituradas con la batidora y acompañadas de un poco de agua azucarada si la pulpa obtenida es demasiado espesa y excesivamente ácida.

PROPIEDADES POR RACIÓN:

Proteínas: 5,38 g   H. Carbono: 29,42 g   Grasas: 4,47 g   Colesterol: 136 mg   Calorías: 183,44 kcal

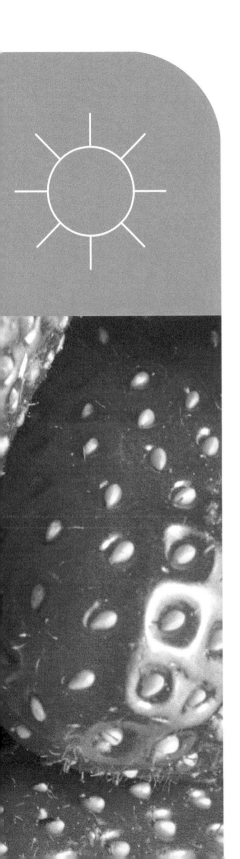

v e r a n o

Llega la explosión de la huerta mediterránea, con su insuperable sinfonía de aromas y sabores: es el momento de elaborar los postres más frescos y deliciosos, y de disfrutar de la plena madurez y apogeo de las mejores frutas.

4	15 min.	15 min.			•	baño maría	•

1/4 parte de una sandía

1 melón

4 nectarinas o melocotones

1 piña

1/2 kg de uva

1/2 kg de plátanos

1/2 l de nata líquida

300 g de chocolate de cobertura

Brochetas de frutas con chocolate

Una forma muy original y sencilla de disfrutar de la fruta fresca y, al mismo tiempo, de la potencia aromática del chocolate: una combinación de sabores y texturas realmente excitante para el paladar.

1 Pela los plátanos y las nectarinas (o los melocotones). Quita la piel y las semillas del melón y la sandía. Desgrana la uva y lava bien los granos. Por último, pela la piña y quítale la parte central, más dura.

2 Corta las nectarinas, la piña, el melón y la sandía a dados de 3 centímetros y los plátanos a rodajas gruesas. Los granos de uva se usan enteros.

3 Ensarta los trozos de fruta, alternándolos, en palillos de madera de los que se usan para las brochetas de carne. Mete las brochetas de fruta en la nevera.

4 Prepara el chocolate al baño maría: coloca una cazuela grande, no muy alta, con agua al fuego y, cuando el agua esté a punto de hervir, introduce en la cazuela un cazo más pequeño con el chocolate (a trozos) y la nata.

5 Retira del fuego la cazuela grande y tapa el cazo. Deja reposar hasta que el chocolate se haya derretido. Mezcla bien con una espátula y vierte el chocolate caliente por encima de las brochetas. Sirve inmediatamente, antes de que el chocolate se enfríe.

Si usas melocotonoes, deben ser de los amarillos de carne dura. Los de agua, obviamente, no sirven a no ser que estén bastante verdes, lo que tampoco es muy conveniente.

El chocolate llamado «de cobertura» se utiliza en repostería para bañar tartas y pasteles. Tiene un alto contenido de manteca de cacao, que proporciona consistencia al producto que se haya bañado. Para esta tarea no se puede usar otro tipo de chocolate, ya que los chocolates a la taza tienen un exceso de harina para espesar, y los de consumo habitual contienen poca manteca de cacao. En el mercado podemos encontrar chocolate de cobertura negro, blanco y con leche.

PROPIEDADES POR RACIÓN:

Proteínas: 13 g   H. Carbono: 145,7 g   Grasas: 53,44 g   Colesterol: 88,2 mg   Calorías: 1.115,86 kcal

| 6 | 10 min. | 15 min. | | ● | horno | ● |

Albaricoques al horno

24 albaricoques maduros
6 cucharadas soperas de azúcar
1 cucharadita de canela en polvo
2 cucharadas de kirsch
50 g de mantequilla

De una gran sencillez, esta receta es una demostración más de las múltiples posibilidades de la fruta fresca y una forma de aprovechar una de las frutas de temporada más apetitosas cuando está muy madura.

1   Lava los albaricoques, quítales el hueso y ponlos en un cuenco hondo. Espolvoréalos con el azúcar y la canela, rocía con el licor y mézclalo todo bien. Deja reposar durante 15-20 minutos. Precalienta el horno a 180 ºC.

2   Prepara 12 trozos grandes de papel de aluminio. Forma un cuenco con cada par de trozos (se usan dos láminas para impedir que los paquetes se rompan durante su manipulación) y reparte los albaricoques en los 6 cuencos. Añade a cada paquete un poco de mantequilla.

3   Envuelve los paquetitos con cuidado, cerrándolos por la parte superior, para que no se escapen los jugos. Introdúcelos en la bandeja del horno durante 15 minutos y sírvelos calientes, en el mismo paquete o trasladando el contenido a un cuenco de postre.

Si te parece un postre demasiado sencillo, puedes acompañarlo con una mezcla de queso blanco pasado por la batidora con un poco de nata líquida y azúcar.

Este postre también se puede tomar frío, después de dejarlo reposar en la nevera durante media hora más o menos.

Si no te gustan los sabores fuertes de los licores, puedes usar un poco de oporto semiseco o de cualquier otro vino semidulce. Los vinos muy dulces no son demasiado recomendables porque los albaricoques maduros ya lo son y el postre podría resultar empalagoso.

PROPIEDADES POR RACIÓN:

| Proteínas: 1,39 g | H. Carbono: 35,27 g | Grasas: 7,10 g | Colesterol: 20,38 mg | Calorías: 213,38 kcal |

2 | 10 min. | 2 horas | ● | ●

2 melocotones de viña (amarillos)

1 melocotón de agua, no muy maduro

2 cucharaditas de vinagre de Módena

4 cucharadas de azúcar

2 yogures naturales

4 hojitas de menta

Melocotones con yogur y vinagre de Módena

Una combinación refrescante y muy ligera, especialmente apta para los días calurosos, en los que se agradece un postre fresco como remate de las comidas.

1   Pela los melocotones, elimina los huesos y córtalos en dados de 2 centímetros aproximadamente. Pon los trozos en un cuenco hondo, con la menta, espolvoréalos con el azúcar y rocíalos con el vinagre.

2   Remueve con una cuchara de madera hasta que el azúcar se disuelva. Después, tapa el cuenco con papel de aluminio y métlo en el frigorífico durante un par de horas. De vez en cuando, mezcla el contenido para que los melocotones se impregnen bien de los jugos que van soltando.

3   Pasadas las dos horas, vierte los yogures, mezcla bien todo el contenido del cuenco y deja reposar 10 minutos más, fuera de la nevera. Antes de servir, retira las hojas de menta.

Es importante usar sólo vinagre de Módena, ya que su sabor es muy distinto de los vinagres de vino corrientes, por muy alta que sea su calidad.

El vinagre, además de aportar un ligerísimo toque de su sabor tan característico, contribuye con su acidez a que las frutas suelten sus jugos. Se usa también mucho con los fresones y las fresas, y si se utiliza la cantidad adecuada, su sabor ácido queda totalmente compensado por los azúcares de la fruta.

PROPIEDADES POR RACIÓN:

Proteínas: 5,82 g   H. Carbono: 68,24 g   Grasas: 3,59 g   Colesterol: 14,5 mg   Calorías: 331,06 kcal

4	30 min.		4-6 h.				

750 g de sandía sin cáscara

150 g de azúcar

1 vaso de cava

1 naranja

4 cucharadas de oporto o madeira

Sorbete de sandía al cava

Un postre fresquísimo y muy veraniego, muy adecuado para rematar comidas copiosas o un poco fuertes, ya que, como todas las preparaciones heladas, tiene propiedades digestivas.

1 Elimina la cáscara de la sandía, córtala a trozos y elimina concienzudamente las semillas.

2 Ralla la piel de la naranja muy fina (sólo hasta obtener una cucharadita). Exprime la mitad de la naranja.

3 Con la batidora, tritura la sandía con el vino dulce, el zumo de la media naranja y la ralladura. Pásalo todo por el chino.

4 Prepara un almíbar calentando en un cazo un vaso de agua con el azúcar.

5 Coloca la pulpa de sandía un un recipiente de plástico que pueda ir al congelador. Añade el almíbar y el cava, mezcla bien y mete el recipiente en el congelador, tapado con papel de aluminio o film transparente.

6 Cuando la mezcla esté casi congelada (2-3 horas: el tiempo depende de la potencia del congelador), sácala, tritúrala de nuevo y vuelve a colocarla en el congelador durante 2 horas más.

7 Saca el recipiente del congelador media hora antes de preparar el postre y déjalo en la nevera hasta que se ablande un poco. Distribuye en copas o cuencos individuales.

En vez de cava puedes usar sidra, que proporcionará al postre un agradable regusto a manzanas.

Si deseas un punto de acidez, puedes añadir también el zumo y la ralladura de medio limón.

En esta receta es importante ir controlando el proceso de congelado, ya que puede variar notablemente según las características y la potencia del congelador.

PROPIEDADES POR RACIÓN:

Proteínas: 1,42 g	H. Carbono: 54,09 g	Grasas: 0,6 g	Colesterol: 0 mg	Calorías: 253,03 kcal

8 | 30 min. | 50 min. | •• | horno | •

500 g de cerezas
250 g de harina
100 g de azúcar
125 g de mantequilla
10 g de harina de maíz
6 huevos
2 cucharadas de Cointreau
1/2 vasito de nata líquida

Tarta de cerezas

Una tarta clásica con una de las frutas de temporada más dulces y sabrosas, que preparada al horno adquiere una textura y un sabor totalmente distintos a los que estamos acostumbrados.

1   Prepara una masa con la harina, una cucharada de azúcar y 100 g de mantequilla (debe estar ya blanda). Cuando obtengas una bola compacta, déjala reposar durante media hora a temperatura ambiente.

2   Después, estírala con el rodillo, colócala en un molde para el horno y hornéala durante 10 minutos a 180 ºC, hasta que se dore un poco.

3   Mientras, lava y deshuesa las cerezas, y córtalas por la mitad. Retira el molde del horno y cubre el fondo con las cerezas.

4   En un cazo, derrite la mantequilla restante y pinta con ella la capa de cerezas (con una brocha o pincel de cocina).

5   Para hacer la crema, mezcla el azúcar restante y la harina de maíz con los huevos y el Cointreau. Bátelo todo bien y añade la nata. Sigue batiendo hasta obtener una crema.

6   Reparte la crema por encima de las cerezas y vuelve a meter el molde en el horno (ahora a 130 ºC) durante 40 minutos, hasta que la tarta quede cuajada.

Esta misma receta se puede preparar con otras frutas, siempre que no suelten mucha agua. Van muy bien los melocotones de viña, por ejemplo.

Para rematar la faena, puedes preparar una salsa de melocotón batiendo un par de melocotones en almíbar con un poco de su mismo jugo, y pasando después la mezcla por el chino o por un colador. Antes de adornar la tarta, hay que meter la salsa durante un rato en la nevera.

PROPIEDADES POR RACIÓN:

Proteínas: 9 g   H. Carbono: 43,27 g   Grasas: 19,28 g   Colesterol: 194,70 mg   Calorías: 384,66 kcal

Melocotones rellenos al horno

4 melocotones de viña

250 g de fresones

50 g de almendras tostadas

2 cucharadas de azúcar

2 cucharadas de mantequilla

1 cucharada de vinagre

Los melocotones son una de las frutas más esperadas del verano. Frescos son deliciosos y muy nutritivos, pero admiten bastantes más preparaciones y combinaciones, incluso al horno y rellenos de fresones.

1   Lava y corta los fresones en 4 trozos cada uno, después de quitarles el tallo. Ponlos en un cuenco hondo con el azúcar y el vinagre. Déjalos reposar durante media hora, para que vayan soltando el jugo.

2   Pela los melocotones, córtalos por la mitad y elimina el hueso. Precalienta el horno a 180 ºC.

3   Pon a fuego bajo una sartén antiadherente con una cucharada de mantequilla. Cuando la mantequilla esté líquida, añade una cucharada de azúcar y coloca los melocotones encima, con la parte central sobre la superficie de la sartén.

4   Tapa y deja cocer 5 minutos. Destapa la sartén y gira las mitades de melocotón. Espolvorea con el resto del azúcar y añade la mantequilla restante. Deja cocer 5 minutos más, siempre a fuego bajo, hasta que los melocotones estén blandos y se haya formado un caramelo.

5   Retira los melocotones y colócalos boca arriba en una fuente para el horno, rellénalos con los fresones y cúbrelos con las almendras tostadas y machacadas un poco (no demasiado) en el mortero. Reserva media docena de fresones y unas cuantas almendras.

6   Mezcla los fresones restantes con el con el jugo de la sartén y las almendras reservadas, y tritúralo todo con la batidora hasta que obtengas una salsa. Recubre los melocotones con esta salsa y mételos en el horno durante 10 minutos hasta que la capa de salsa comience a gratinarse.

Si te apetece experimentar con otras frutas para el relleno, las cerezas maduras y, en general, las frutas rojas como las grosellas y las frambuesas, pueden proporcionar combinaciones de sabores sorprendentes. Si usas grosellas y frambuesas (o cerezas poco maduras), ten en cuenta su punto de acidez.

Los vinos dulces y los licores afrutados (como el kirsch y el Cointreau), usados en cantidades mínimas, pueden aportar un toque aromático si se rocían los melocotones con unas gotitas justo antes de cubrirlos con la salsa.

PROPIEDADES POR RACIÓN:

| Proteínas: 3,88 g | H. Carbono: 27,28 g | Grasas: 17,83 g | Colesterol: 31,25 mg | Calorías: 285,70 kcal |

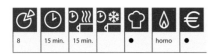

| 8 | 15 min. | 15 min. | | | horno | |

800 g de fresas

250 g de requesón

2 huevos

50 g de azúcar normal

25 g de azúcar glass (o azúcar lustre)

2 cucharadas de piñones (opcional)

1 limón

Fresas con requesón

Los fresones y las fresas combinan muy bien con los productos lácteos en general, desde el helado de vainilla hasta la nata montada, pero en esta alianza con el requesón gratinado forman un postre de una textura muy sorprendente.

1 Lava las fresas, córtalas a trozos y ponlas en una bandeja honda apta para el horno. Precalienta el horno a 220 ºC.

2 En un cuenco hondo, mezcla el requesón desmigado con el azúcar en polvo, las yemas de huevo y una cucharadita de ralladura fina de la piel del limón.

3 Bate a punto de nieve las dos claras con el azúcar normal y añade la mezcla al batido de requesón.

4 Reparte la masa resultante por encima de las fresas, espolvorea con los piñones (si has decidido usarlos) y mete la bandeja en el horno durante 10-15 minutos, hasta que la superficie comience a gratinarse. Se puede adornar con algún fruto rojo, como los arándanos o las grosellas, por ejemplo.

Este postre queda muy bien con las porciones acompañadas con una bola de helado de chocolate.

Si quieres introducir un original toque de acidez, después de colocar las fresas en la bandeja añádeles un yogur natural bien mezclado. En este caso, conviene que en vez de ralladura de piel de limón utilices la de una naranja.

Procura comprar fresones bien maduros (pero no estropeados). Si han sido recolectados cuando aún están demasiado verdes, lo advertirás inmediatamente por el color blanco intenso de la zona de alrededor del tallo.

PROPIEDADES POR RACIÓN:

| Proteínas: 6 g | H. Carbono: 15,75 g | Grasas: 7,32 g | Colesterol: 52,47 mg | Calorías: 154,18 kcal |

| 4-6 | 20 min. | 10-15 min. | | | | horno | |

2 melocotones

2 peras

2 manzanas

12 frambuesas

12 cerezas

1 plátano

1 vaso de nata líquida

4 yemas de huevo

100 g de azúcar

2 cucharadas de calvados

Fruta gratinada al calvados

El horno es un excelente aliado a la hora de disfrutar de la fruta preparada de un modo distinto al habitual. En este caso, las frutas más comunes se convierten en una original macedonia tibia.

1 Pela los melocotones, las peras y las manzanas, quítales el hueso y el corazón, y corta todas las piezas a láminas de un centímetro más o menos. Lava las cerezas, pártelas por la mitad y deshuésalas. Pela el plátano y córtalo a rodajas.

2 Pon a fuego bajo un cazo con la nata, hasta que se reduzca a la mitad. Déjala enfriar. Precalienta el horno a 200 ºC.

3 Monta las yemas con el azúcar, y añade la nata y el calvados. No batas la mezcla en exceso, para que no se espese demasiado.

4 En una bandeja honda para el horno coloca la mitad de la crema. Encima ve colocando capas de fruta alternadas. Remata con la crema restante y mete la bandeja en el horno durante 10-15 minutos, hasta que la capa superior quede ligeramente gratinada.

Como es natural, este postre se puede confeccionar con cualquier clase de fruta, siempre que no suelte demasiada agua con la cocción. Para la presente receta, es conveniente que la fruta (peras y melocotones, sobre todo) no esté demasiado madura y que sea de variedades de carne firme. De lo contrario el postre quedará aguado.

Si no dispones de fruta con el grado de maduración adecuado y quieres aprovecharla igualmente, puedes trocearla y dejarla reposar una hora, con unas gotas de vinagre o de zumo de limón, para que suelte el jugo; después podrás aprovecharlo en otra receta o para hacer un almíbar.

PROPIEDADES POR RACIÓN:

Proteínas: 4,57 g   H. Carbono: 44,02 g   Grasas: 17,83 g   Colesterol: 182 mg   Calorías: 322,94 kcal

6-8 | 30 min. | 3 horas | ●● | | .

Mousse de cerezas

1 kg de cerezas maduras
200 g de azúcar glass
4 claras de huevo
2 vasos de nata líquida
1 limón
1 ramita de menta

Las cerezas, además de su inigualable sabor, tienen algunas virtudes más: son muy poco calóricas, y ricas en vitaminas A y C, fibra y potasio, por lo que resultan muy recomendables desde un punto de vista nutricional.

1 Lava las cerezas, deshuésalas y tritúralas con la batidora. Reserva 6 u 8 para decorar.

2 Monta las claras a punto de nieve y añade poco a poco la mitad del azúcar, sin dejar de batir, hasta conseguir un merengue.

3 Monta la nata y, cuando esté firme, añade poco a poco el resto del azúcar.

4 Mezcla la nata con el merengue, removiendo poco a poco, circularmente, procurando que no pierda volumen. Añade, también poco a poco, el puré de cerezas.

5 Vierte la mousse en cuencos individuales y mételos en la parte más fría del frigorífico al menos durante 3 horas. Se puede servir en los mismos cuencos, adornándolos con las cerezas reservadas y con unas hojitas de menta.

Esta receta se puede tomar también en forma de mousse helada, dejando los cuencos en el congelador durante 12 horas, y sacándolos media hora antes de servir el postre.

Entre los meses de abril y agosto llegan a los mercados las famosas cerezas del valle extremeño del Jerte, que superan ampliamente en sabor y calidad a la mayoría de las restantes variedades, exceptuando algunas cosechas locales a menor escala.

PROPIEDADES POR RACIÓN:

Proteínas: 5,39 g   H. Carbono: 44,50 g   Grasas: 12,22 g   Colesterol: 40 mg   Calorías: 312 kcal

4-6 | 20 min. | 60 min. • | | •

Melón al yogur

1 melón maduro
2 yogures desnatados
1/2 limón
200 g de fresas
3 cucharadas de oporto
1 cucharada de vinagre
50 g de azúcar moreno

El melón, bien frío, es la viva representación del postre más veraniego, y combina de maravilla con otras frutas y con toda clase de vinos dulces y aromáticos.

1 Tritura la mitad de la pulpa del melón con el azúcar.

2 Corta la otra mitad en dados pequeños y las fresas en cuatro o más trozos, después de eliminar la parte superior del tallo. Déjalos en cuencos separados.

3 Añade el oporto al melón, y la cucharada de vinagre a las fresas. Déjalos reposar a temperatura ambiente.

4 Mezcla los yogures con el zumo de medio limón, y después con la pulpa de melón. Mete esta crema en la nevera y déjala reposar una hora, más o menos, para se enfríe bien.

5 Cuando la crema esté fría, mezcla en un solo cuenco los trozos de melón y de fresa.

6 Vierte la crema fría en cuencos individuales y reparte por encima el melón y las fresas, con su jugo.

Si quieres conseguir un postre más variado y colorido, usa distintas variedades de melón. El cantaloup o charental, por ejemplo, es el típico melón francés, más pequeño, de carne anaranjada y muy perfumada.

Aunque hoy día se pueden encontrar melones durante todo el año, procedentes de invernaderos (o de países como Brasil, Costa Rica y Sudáfrica), los mejores melones son los del país y de temporada (de julio a septiembre, y de noviembre a enero la variedad tendral).

Para saber si un melón está maduro, hay que presionar suavemente la base por el lado opuesto a la mata. Si cede un poco, es que está maduro.

PROPIEDADES POR RACIÓN:

Proteínas: 6,17 g   H. Carbono: 49,50 g   Grasas: 0,93 g   Colesterol: 0,5 mg   Calorías: 238,10 kcal

6-8 | 20 min. | 60 min. | • | olla horno | •

1 kg de ciruelas
6 cucharadas de azúcar moreno
1 palito de canela
1/2 limón
1 vasito pequeño de vino tinto
300 g de harina
150 g de mantequilla
1 cucharadita de canela en polvo
sal

Pastel de ciruelas

Por su textura, las ciruelas son una fruta excelente para hacer pasteles y tartas, y para aprovechar la fruta cuando ya comienza a estar demasiado madura.

1   Lava bien las ciruelas y ponlas en una olla pequeña con 4 cucharadas de azúcar, la piel de medio limón y el vino tinto. Tapa la cazuela y ponla a fuego medio. Cuando arranque el hervor, baja el fuego y dejar cocer durante 20 minutos. Precalienta el horno a 180 ºC.

2   Pon la harina en un recipiente. Añade la mantequilla (que habrás sacado de la nevera 15 minutos antes) en trocitos pequeños y mezcla con los dedos, formando una especie de bolitas o migas. Cuando hayas convertido todo en un montón de migas pequeñas, añade las 2 cucharadas de azúcar restantes, la canela y una pizca de sal, y remuévelo todo con una espátula de madera.

3   Retira la piel de limón de la cazuela y coloca las ciruelas en el fondo de una bandeja honda. Reparte por encima la pasta de harina y mantequilla, y mete la fuente en el horno durante unos 40 minutos.

4   Retira del horno cuando se haya dorado la superficie.

Si las ciruelas están demasisdo maduras soltarán mucho jugo durante la cocción, y conviene eliminar una buena parte cuando se traspasen a la bandeja.

Este pastel se sirve caliente y se puede acompañar con helado de vainilla o de chocolate, con natillas, con nata montada o con unas cucharadas de yogur desnatado sin azúcar.

Si se desea, se puede sustituir el azúcar moreno de las ciruelas por 4 cucharadas de miel. También se pueden usar manzanas (cortadas a láminas o a dados) en vez de ciruelas.

PROPIEDADES POR RACIÓN:

Proteínas: 5,53 g   H. Carbono: 66,67 g   Grasas: 18,68 g   Colesterol: 53,57 mg   Calorías: 464 kcal

| 4 | 20 min. | 20 min. | 3 horas | ● | cazuela | ● |

300 g de fruta variada (fresas, melocotón, manzanas, etc).

150 g de arroz

5 cucharadas de azúcar

1 palito de canela.

1/2 vaso de leche desnatada

10 cucharadas de leche condensada

200 g de nata montada

1 limón

1 clara de huevo

Aunque éste es un postre destinado claramente a las calurosas sobremesas del verano, si lo dejas a temperatura ambiente durante media hora después de sacarlo del frigorífico, seguirá sin perder consistencia y podrás usarlo en épocas de menos calor.

Al tomarse en forma de puré la fruta puede estar bastante madura, lo que proporciona la oportunidad de aprovechar piezas poco vistosas que ya no resultan adecuadas para la mesa.

Puding de arroz con puré de frutas

Un postre totalmente veraniego, en una original variación llena de sabores frutales del tradicional arroz con leche.

1 Para preparar el puré de frutas, lávalas, pélalas y córtalas en dados. Después, añade 2 cucharadas de azúcar y déjalas macerar en un cuenco durante 30 minutos.

2 Añade la leche desnatada y pásalo todo por la batidora. Deja enfriar en el frigorífico.

3 Pon en una cazuela a fuego bajo el arroz, medio litro de agua, la leche condensada, la corteza del limón y la canela. Al cabo de 20 minutos el arroz habrá absorbido todo el líquido. Retira del fuego y pon también a enfriar en la nevera.

4 Cuando el arroz esté frío, mézclalo con la nata montada, el azúcar y la clara batida a punto de nieve. Coloca la mezcla en un molde y déjala enfriar en la nevera durante 2 horas más.

5 Desmolda el puding y cúbrelo con el puré de frutas recién sacado del frigorífico.

PROPIEDADES POR RACIÓN:

Proteínas: 9,68 g   H. Carbono: 91,47 g   Grasas: 21,50 g   Colesterol: 68,70 mg   Calorías: 598,14 kcal

1/2 kg de fresones o fresas

200 g de pasta quebrada

2 cucharadas de harina

4 cucharadas de crema pastelera

200 g de nueces peladas

4 cucharadas de mermelada de grosella o de arándanos

1 ramita de menta

Tarta de fresas y nueces

Una tarta ligera y apetitosa al mismo tiempo, caracterizada por el acentuado contraste de sabores y texturas entre las fresas y las nueces.

1   Lava bien las fresas, elimina la parte del pedúnculo y córtalas por la mitad, o en 4 trozos si son fresones grandes. Colócalas sobre una bandeja de horno forrada con papel de hornear. Precalienta el horno a 180 ºC.

2   Espolvorea la pasta quebrada con un poco de harina y estírala. Colócala sobre otra bandeja forrada. Retírale los bordes de forma que quede un rectángulo perfecto.

3   Introduce las dos bandejas en el horno. La de fresas durante 3 minutos y la de pasta durante 10 minutos. Unta las fresas con la mermelada. Tritura un poco las nueces.

4   Deja enfriar la pasta quebrada y extiende encima la crema pastelera, y después las fresas y las nueces formando un dibujo que te guste, de rayas o círculos, por ejemplo. Decora con unas hojas de menta

Lava y manipula las fresas rápidamente, en el último momento, antes de quitarles el pedúnculo. No las dejes nunca en remojo, ya que pierden sabor y se estropean fácilmente, sobre todo si están maduras.

Para preparar la pasta quebrada, si no la encuentras con facilidad en los comercios de tu zona, encontrarás la receta en las páginas de técnicas y consejos. También encontrarás la receta de la crema pastelera.

PROPIEDADES POR RACIÓN:

Proteínas: 13,47 g	H. Carbono: 62,21 g	Grasas: 48,99 g	Colesterol: 58 mg	Calorías: 743,64 kcal

4-6	30 min.	15 min.	3 horas	●●	cazuela	●	

500 g de moras

250 g de manzanas ácidas

1 limón

1/2 vaso de zumo de naranja

3 cucharadas de azúcar moreno

15 g de gelatina en polvo

2 cucharadas de agua

15 cl de yogur

2 claras de huevo

Mousse de moras, manzana y naranja

Una mousse de una gran riqueza de sabores por la combinación de dos de las frutas más comunes, una dulce y otra ácida, con el aroma salvaje y natural de las moras.

1   Pon las moras en una cazuela (reserva las más grandes para adornar el postre), con las manzanas peladas y cortadas a láminas, la ralladura de la piel de limón, el zumo de naranja y el azúcar.

2   Tapa la cazuela y deja cocer a fuego bajo durante 15 minutos, removiendo de vez en cuando para que se mezclen el jugo y los sabores. Bate el contenido de la cazuela con la batidora y después tamízalo con el colador chino. Pasa el puré obtenido a un cuenco hondo.

3   Disuelve la gelatina en el agua fría y después calienta al baño maría el cuenco del puré. Cuando esté caliente, añade la gelatina y el yogur. Mezcla bien y deja reposar en un lugar fresco.

4   Cuando la crema se empiece a espesar, bate las claras a punto de nieve y añádelas a la crema, mezclando con cuidado. Traslada la mousse obtenida a cuencos individuales y déjalos en la nevera durante 3 horas. Antes de servir, adorna con las moras reservadas.

Si no tienes oportunidad de recoger las moras en el campo, podrás encontrarlas en las grandes superficies comerciales a finales de verano, o también congeladas.

Las frutas rojas como las fresas, las grosellas, las frambuesas y las moras se pueden congelar con facilidad. Lávalas, sécalas cuidadosamente con papel de cocina y colócalas separadas en una bandeja. Métela en el congelador un par de horas y después podrás almacenarlas en bolsas de plástico, tratando de eliminar el máximo posible de aire. También se pueden rebozar con azúcar en polvo antes de congelarlas.

PROPIEDADES POR RACIÓN:

Proteínas: 13,63 g   H. Carbono: 62,21 g   Grasas: 48,99 g   Colesterol: 58 mg   Calorías: 743,64 kcal

otoño

Los primeros meses del otoño, además de ofrecer algunos de sus frutos más suculentos, invitan a la elaboración de postres más reposados, con nuevos ingredientes que realcen el sabor de las frutas mas maduras.

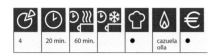

4	20 min.	60 min.	•		cazuela olla	•

12 mandarinas
100 g de azúcar
1 vaso de nata líquida
2 huevos
3 yemas de huevo
50 g de mantequilla
1 tacita de té fuerte

Crema de mandarina y té

En noviembre aparecen las primeras mandarinas de temporada, que al igual que las naranjas y otros cítricos serán las frutas más habituales en la mesa durante los meses de otoño e invierno.

1 Exprime el zumo de las mandarinas y ralla la piel de la mitad. Precalienta el horno a 180 ºC.

2 Bate los huevos y las yemas, y ponlos en una cazuela pequeña con el azúcar, la mantequilla en trozos, la nata líquida, la taza de té, el zumo de las mandarinas y la ralladura.

3 Deja cocer a fuego muy lento sin dejar de remover con las varillas, hasta que la mezcla comience a espesarse.

4 Retira del fuego, vierte la mezcla en cuatro cuencos refractarios y colócalos en otro cuenco más grande con agua, para cocer al baño maría.

5 Métalo todo en en el horno durante 45 minutos. Retira los cuencos y déjalos reposar durante 30 minutos a temperatura ambiente antes de servir.

6 También puedes usar un solo cuenco grande para el horno y después distribuir la crema en vasos de cristal.

Cuando compres mandarinas para hacer zumo, como en esta receta, sopésalas antes con la mano: si resultan pesadas, es señal de que son muy jugosas. No conviene comprar piezas que pesen poco y tengan la corteza separada de la piel.

Existen variedades híbridas (como la Fortune, la Ellendale y la Ortanique) que tienen la piel muy adherida a la pulpa (son difíciles de pelar), pero que en cambio tienen mucho zumo. Suelen ser grandes, de color rojizo y redondas como las naranjas.

PROPIEDADES POR RACIÓN:

Proteínas: 2,77 g   H. Carbono: 19 g   Grasas: 0,63 g   Colesterol: 0,35 mg   Calorías: 93,41 kcal

4	30 min.	40 min.		●●	horno	●	

Tarta de uvas

250 g de pasta quebrada

400 g de uvas blancas

100 g de azúcar

250 g de queso fresco
o requesón

1 huevo

100 g de mantequilla

1 vasito de leche desnatada

2 cucharadas de harina

5 cucharadas de mermelada de
albaricoque

Un postre cuya mejor temporada es el otoño, cuando las uvas de mesa están en su mejor momento, aunque se puede confeccionar durante casi todo el año con las nuevas variedades comerciales.

1 Precalienta el horno a 180 ºC. Extiende la pasta quebrada con un rodillo, espolvoreándola con un poco de harina.

2 Unta con mantequilla un molde redondo y espolvoréalo también con harina. Recúbrelo con la pasta y métalo en el horno durante 10 minutos. Retíralo y distribuye por encima de la pasta una capa fina de de mermelada.

3 Lava bien las uvas, pela los granos, córtalos por la mitad y elimina las semillas. Resérvalas.

4 En un cuenco hondo, mezcla la leche con el queso o el requesón, el huevo, el azúcar y una cucharadita de harina. Pásalo todo por la batidora. Funde la mantequilla en un cazo, añádela a la mezcla y bate un poco más.

5 Vierte esta masa sobre la capa de pasta y mermelada, reparte por encima las uvas y mete en el horno durante media hora. Después desmolda la tarta y recúbrela con otra capa de mermelada

Si escaldas los granos de uva durante unos segundos en agua hirviendo te resultará mucho más fácil pelarlos.

Actualmente se encuentran en el mercado algunas variedades de uva sin semillas. Aunque no son ni de lejos de tanta calidad como las variedades tradicionales tipo moscatel, pueden dar muy buenos resultados en tartas y pasteles, ya que su escaso dulzor queda compensado por los restantes ingredientes.

PROPIEDADES POR RACIÓN:

Proteínas: 17,18 g   H. Carbono: 106,72 g   Grasas: 51,83 g   Colesterol: 172,55 mg   Calorías: 962 kcal

Peras rellenas al oporto

4 peras (blanquilla o conferencia)

2 cucharadas de nueces

1 cucharada de piñones

1 cucharada de pasas de Corinto

2 vasos de oporto dulce o moscatel

75 g de queso cremoso

100 g de azúcar

1 cucharadita de mantequilla

1 ramita de canela

Una rica variación de las peras al vino, que incorpora a esta sabrosa receta tadicional la untuosidad del queso y de los frutos secos.

1 Pon a remojar las pasas en agua caliente durante 15 minutos. Pela las peras, sin quitarles el tallo, y ponlas en una olla o cazuela honda con el vino, la canela y un poco de agua, hasta cubrirlas y un poco más.

2 Cuando arranque el hervor, baja el fuego y deja cocer las peras, con la cazuela tapada, durante al menos 30 minutos, hasta que estén tiernas (el tiempo final depende del tamaño y el grado de madurez). Procura que no queden demasiado cocidas.

3 Retíralas de la cazuela y deja que se enfríen. Si el líquido de la cocción no se ha espesado lo suficiente, déjalo a fuego bajo hasta que quede como una salsa líquida.

4 Corta las peras por un costado, sacando un gajo, y retira el corazón con una cucharita. Pica las nueces. También se pueden cortar por la mitad.

5 Pon a fundir el azúcar (reserva 2 cucharadas) en una sartén, con un poco de mantequilla. Cuando comience a tostarse, agrega las nueces picadas y los piñones, y remueve bien. Retíralos.

6 Mezcla el queso con el azúcar restante, las pasas, las nueces y los piñones, y rellena las peras con esta mezcla. Después riégalas con la salsa de oporto.

Si quieres ahorrar tiempo, puedes cocer las peras al microondas, a la máxima potencia, durante unos 15 minutos.

El relleno de esta receta puede variar según los gustos: se pueden usar distintos tipos de quesos suaves y cremosos (nunca quesos fuertes o curados), e incluso requesón o mascarpone.

Otro ingrediente muy adecuado son las ciruelas pasas, que pueden sustituir o acompañar a las pasas. Antes de incorporarlas al relleno hay que quitarles el hueso y picarlas finas con un cuchillo.

PROPIEDADES POR RACIÓN:

Proteínas: 6,98 g   H. Carbono: 47,42 g   Grasas: 23,60 g   Colesterol: 21,25 mg   Calorías: 451,54 kcal

4	15 min.	30 min.	8 horas	●	cazuela	●

Pastel de higos frescos

1 kg de higos frescos

1/2 cucharadita de canela

1 limón

100 g de azúcar

4 nueces peladas

50 g de almendras (crudas o tostadas)

50 g de piñones

1 cucharadita de margarina

Los higos son una fruta muy perecedera, de la que sólo se puede disfrutar plenamente durante su temporada, desde agosto hasta octubre. Convertidos en un pastel, conservan todo su aroma y propiedades nutritivas.

1   Pela los higos y córtalos en trozos pequeños. Ponlos en una cazuela con un vaso de agua, el azúcar, la canela y una cucharadita de ralladura de la piel del limón. Pon a cocer a fuego bajo durante media hora, hasta que quede una pasta espesa.

2   Mientras, pica las almendras y las nueces en el mortero, pero no demasiado finas. En una sartén con dos gotas de aceite, dora ligeramente los piñones, y después tritúralos también un poco.

3   Retira del fuego y deja enfriar. Cuando esté fría, vierte la pasta resultante sobre un papel de aluminio bien untado con la margarina.

4   Extiende la pasta todo lo que puedas, haciendo con ella una lámina. Espolvorea sobre esta lámina la mezcla de almendras y piñones, y enróllala como si fuera un brazo de gitano. Después, métela en la nevera y déjala enfriar durante al menos 8 horas.

5   Por último, corta el postre en rodajas antes de servirlo.

A diferencia de otras frutas, las arrugas y aberturas en la piel de higos y brevas muestran el momento ideal de su consumo, ya que son una evidencia de que han llegado a su punto ideal de maduración.

Cuando compres higos, comprueba que ceden a una ligera presión de los dedos, señal de que están maduros. Desecha los higos duros o con los lados achatados.

Los higos y brevas son una fruta sumamente delicada y perecedera que se conserva como mucho unos tres días en el frigorífico.

PROPIEDADES POR RACIÓN:

Proteínas: 7,04 g	H. Carbono: 56 g	Grasas: 18,87 g	Colesterol: 0 mg	Calorías: 422,18 kcal

Melocotones melba

4 melocotones de viña, amarillos

250 g de frambuesas

3 cucharadas de licor de cerezas
  o de kirsch

2 cucharadas de azúcar

4 porciones de helado de vainilla

Este postre, sencillo pero muy suculento, fue inventado por Auguste Escoffier, el más famoso chef de finales del siglo XIX, que se lo dedicó a la soprano Nellie Melba.

1   Pela los melocotones, pártelos por la mitad y elimina el hueso. También se pueden cortar en trozos irregulares. Métalos en la nevera hasta que estén muy fríos.

2   Tritura las frambuesas en la batidora y pásalas por el chino o por un colador, para eliminar las semillas. Reserva 4 para decorar. Vuelve a triturarlas de nuevo durante un par de minutos.

3   Pon la pasta de frambuesas en un cuenco y mézclala bien con el azúcar y el licor. Tapa el cuenco y métalo en la nevera hasta que se enfríe (si usas frambuesas congeladas puedes saltarte este último paso).

4   Coloca el helado en cuencos individuales. Añade los melocotones (con la zona del hueso hacia arriba si los usas en 2 mitades) y vierte por encima o a un lado la salsa de frambuesas. Adorna con las frambuesas reservadas. Se sirve inmediatamente.

La salsa de frambuesa se llama «salsa Melba» y es muy utilizada para cubrir todo tipo de postres, tanto de frutas, como de helado o bizcocho.

Si no tienes melocotones frescos, puedes usar melocotones en conserva de buena calidad. Aunque el postre quedará un poco más dulce, el resultado final será igualmente sabroso.

Se pueden encontrar frambuesas frescas hasta finales de octubre, pero al ser una fruta que se congela bien, se puede encontrar congelada durante todo el año.

PROPIEDADES POR RACIÓN:

Proteínas: 5,6 g	H. Carbono: 58,88 g	Grasas: 10,38 g	Colesterol: 31 mg	Calorías: 357,67 kcal

4 | 20 min. | 30 min. | | ● | sartén horno | ●

Flan de mandarina

6 mandarinas

8 cucharadas de azúcar

3 huevos

1 vaso de nata líquida

1/2 vasito de licor de mandarina
  o de naranja

1 limón

Un postre aromático y muy fácil de elaborar: en realidad, una más de las infinitas variaciones que permite la fruta al combinarla con la receta del flan más tradicional.

1   Pon a calentar una sartén a fuego bajo y carameliza 3 cucharadas de azúcar con una cucharada de zumo de limón y otra de agua. Cuando el caramelo empiece a estar bastante oscuro, pinta con él las paredes de 4 cuencos individuales que puedan ir al horno.

2   Exprime el zumo de 5 mandarinas y ralla las pieles hasta obtener un par de cucharaditas de ralladura. Precalienta el horno a 180 ºC.

3   En un cuenco hondo, mezcla la ralladura con el resto del azúcar, el licor y los huevos, y bátelo todo con un tenedor o con la varilla de batir. Añade la nata y el zumo, acaba de batirlo todo bien y vierte en contenido del cuenco en los cuencos caramelizados.

4   Coloca los cuencos en un recipiente grande con agua y métetelos en el horno. Deja cocer al baño maría durante 25-30 minutos aproximadamente.

5   Retira los cuencos del horno, déjalos enfriar un poco y desmóldalos. Adorna los flanes con gajos de mandarina y, si te apetece, con un poco de nata montada y unas hojitas de menta.

Para caramelizar los cuencos o moldes el caramelo debe ser oscuro, ya que de lo contrario se puede quedar pegado al molde y romperse en el momento de desmoldar.

Si quieres ahorrarte trabajo, puedes hacer un solo flan, con un solo molde grande, y dividirlo en porciones antes de servir. No queda tan bonito, pero resulta bastante más práctico.

PROPIEDADES POR RACIÓN:

Proteínas: 6,55 g | H. Carbono: 58,56 g | Grasas: 14,19 g | Colesterol: 185,37 mg | Calorías: 396,89 kcal

4	20 min.	45 min.		●	horno	●

Manzanas rellenas al horno

4 manzanas reineta

50 g de pasas de Corinto

2 cucharadas de piñones

4 cucharaditas de mantequilla

4 cucharaditas de miel

2 cucharadas de nata líquida

1/2 vasito de oporto o moscatel

1/ cucharadita de canela en polvo

1 pizca de clavo en polvo

1 naranja

La manzana, una fruta cargada de simbolismo a lo largo de la historia, es la fruta por excelencia, ya que es bien tolerada por la mayoría de personas y combina con numerosos alimentos.

1   Pon en remojo las pasas. Con un cuchillo, sin pelarlas, quita el corazón a las manzanas e introduce en el hueco una cucharadita de mantequilla. Precalienta el horno a 180 ºC.

2   Cuando las pasas estén hinchadas, pícalas a trocitos. Mézclalas en un cuenco con la nata, la miel, los piñones, la canela y el clavo.

3   Rellena las manzanas con esta mezcla y colócalas en una fuente para el horno.

4   Exprime la naranja, mezcla el zumo con el oporto y viértelo por encima de las manzanas. Mete en el horno durante 45 minutos. Se sirven calientes, sin dejarlas enfriar demasiado.

En verano, estas mismas manzanas se pueden convertir en un postre de grandes contrastes si se sirven acompañadas de una porción de helado de vainilla.

El relleno de esta receta es uno más entre muchos posibles: se le pueden añadir nueces y almendras trituradas, e incluso algún gajo de mandarina o naranja picados a trocitos.

Las especias no son imprescindibles, por lo que puedes eliminarlas, aunque el toque aromático de la canela, aunque sea mínimo, siempre resulta recomendable.

PROPIEDADES POR RACIÓN:

Proteínas: 2,83 g	H. Carbono: 33 g	Grasas: 18,29 g	Colesterol: 34,75 mg	Calorías: 321,89 kcal

4	30 min.		60 min.	●	●	●

Melón al oporto

1 melón maduro

6 cucharadas de azúcar

1 vaso de oporto o jerez dulce

El melón es quizás, por su dulzor y melosidad característicos, la fruta que combina mejor con los vinos dulces, formando una sinfonía de aromas casi insuperable.

1   Corta uno de los casquetes del melón y elimina todas las pepitas con una cuchara. No tires el casquete.

2   Introduce en la cavidad el azúcar y remueve un poco con la cuchara, para que impregne bien las paredes. Déjalo reposar durante media hora a temperatura ambiente o en la nevera.

3   Pasado este tiempo, sácalo de la nevera y vierte el vino en el interior del melón, hasta que quede lleno.

4   Tápalo con el casquete y esparce mantequilla, con un cuchillo, alrededor del corte. Así, al enfriarse, la mantequilla dejará el melón perfectamente sellado. Déjalo reposar 30 minutos en la nevera.

5   Antes de servirlo, cortado de la manera habitual, vacía el jugo del interior y después viértelo por encima de las porciones de melón.

Al comprar melón, comprueba que sea pesado y que tenga la corteza gruesa, flexible y sin manchas. Los mejores melones son los «hembra», que en el lado opuesto al pedúnculo presentan un ancho círculo pigmentado.

Si vas a conservar el melón más de un día en la nevera, procura envolverlo en una bolsa de plástico, para que no impregne con su aroma otros alimentos.

Otra forma de preparar este postre consiste en vaciar el melón haciendo pequeñas bolitas o trocitos y volviendo a introducirlos en el interior con el vino y el azúcar.

PROPIEDADES POR RACIÓN:

Proteínas: 4,71 g   H. Carbono: 79,8 g   Grasas: 0,75 g   Colesterol: 0 mg   Calorías: 365,97 kcal

16 rebanadas de pan de molde sin corteza

300 g de queso fresco o requesón

250 g de carne de membrillo

12 granos de uva

150 g de orejones (albaricoques secos)

6 cucharadas de leche condensada

1 vaso de leche desnatada

3 huevos

200 g de azúcar

1 limón

Si quieres rebajar el contenido calórico de esta receta, puedes eliminar la leche condensada y añadir medio vasito más de leche desnatada.

También se puede hacer la salsa de albaricoques sin azúcar, o con la mitad de azúcar moreno; o sencillamente, se puede eliminar esta salsa y adornar el pastel con un par de cucharadas de coco rallado.

Pastel de membrillo y queso

Un pastel que requiere un poco de paciencia, pero que resulta original y sabroso por la combinación de los sabores ligeramente ácido del membrillo y con un punto de sal del queso fresco.

1   En una sartén antiadherente, a fuego muy bajo, prepara un caramelo con 100 g de azúcar, 2 cucharadas de zumo de limón y una de agua. Cuando el caramelo empiece a oscurecerse, viértelo en un molde rectangular y báñalo bien. Déjalo enfriar.

2   Mientras tanto, con un cuchillo, corta las rebanadas según las medidas del molde, para dejarlo totalmente recubierto y sin rendijas, desde el fondo a las paredes.

3   Corta el queso y el membrillo en lonchas finas y cubre las rebanadas del fondo formando capas. Coloca otra capa de pan y repite la operación desde el principio, hasta cubrir con una última capa de pan (la cantidad de capas dependerá de la altura del molde, pero hay que dejar un par de centímetros para la salsa).

4   Bate en un cuenco 2 huevos enteros y una yema, y vierte la leche condensada. Monta la otra clara sobrante a punto de nieve y añádela a la mezcla.

5   Vierte la mezcla en el molde, agitándolo para que se llene hasta el fondo, y mételo en el horno al baño maría durante 40 minutos, a 180 ºC.

6   Mientras, prepara una salsa cociendo los albaricoques secos en 2 vasos de agua hasta que estén blandos; añade 100 g de azúcar y tritúralo todo con la batidora. Desmolda el pastel después de dejarlo enfriar, adórnalo con las uvas y rocíalo con la salsa antes de servir.

PROPIEDADES POR RACIÓN:

Proteínas: 30,28 g   H. Carbono: 151,71 g   Grasas: 29,83 g   Colesterol: 170,27 mg   Calorías: 997 kcal

Tarta de castañas

1/2 kg de castañas

1 copita de ron

8 cucharadas de azúcar

60 g de mantequilla

1/2 vaso de nata líquida

5 cucharadas de harina

4 huevos

1 cucharada de cacao en polvo

8 frambuesas

8 moras

1 ramita de menta

Las castañas, el fruto más característico del otoño, son más parecidas en su composición a los cereales que a los frutos secos. Son ricas en hidratos de carbono y en potasio.

1   Haz un corte en la cáscara de las castañas con la ayuda de un cuchillo y cuécelas en una olla con agua durante 30 minutos. Precalienta el horno a 180 ºC.

2   Bate los huevos y 50 g azúcar con una batidora de varillas hasta que queden montados. Añade la harina (reserva una cucharada) y amasa poco a poco con las manos.

3   Unta con mantequilla el molde, espolvoréalo con harina y vierte en él la masa. Introdúcelo en el horno durante 20 minutos.

4   Para el relleno, pela todas las castañas cocidas menos 4 (si quieres usarlas al final como adorno) y tritúralas con la batidora. Sin dejar de batir, añade poco a poco el azúcar y la mantequilla restantes, el ron y la nata, hasta obtener una crema.

5   Abre el bizcocho por la mitad con un cuchillo y rellénalo con la crema. Espolvorea la superficie con el cacao en polvo. Puedes decorarlo con las castañas, las frambuesas, las moras y unas hojitas de menta.

Al comprar castañas, comprueba que la corteza sea brillante y sin defectos, y antes de usarlas en la cocina, asegúrate de que no tengan algún pequeño agujero en la corteza. Si tienen agujeros es que están «habitadas».

Consérvalas en algún lugar fresco y seco, y a poder ser fuera del alcance de los insectos. Una vez peladas o cocidas se pueden conservar hasta seis meses en el congelador, en una bolsa o recipiente de plástico. En la nevera aguantan bien hasta una semana.

PROPIEDADES POR RACIÓN:

Proteínas: 7,90 g   H. Carbono: 115,56 g   Grasas: 20,41 g   Colesterol: 55 mg   Calorías: 706,74 kcal

| 4 | 20 min. | 5 min. | | • | | horno | • |

16 higos
30 g de azúcar
40 g de mantequilla
4 ramitas de menta
125 g de fresas
50 g de frambuesas
1/2 limón

Higos al horno con frutas del bosque

Según la tradición, los mejores higos son los de la última cosecha, los de otoño, extraordinariamente dulces y sabrosos. En esta receta se combinan con una salsa de frutos rojos con un punto de acidez.

1   Lava las fresas, elimina el tallo y tritúralas con la batidora junto con las frambuesas. Agrega el azúcar y el zumo de medio limón, y vuelve a batirlo todo. Después, pasa la salsa por el chino o por un colador fino. Guárdala en la nevera. Precalienta el horno a 180 °C.

2   Lava los higos, elimina la parte superior del pedúnculo y hazles un corte en forma de cruz. Después, colócalos en una bandeja para el horno.

3   Espolvoréalos con un poco de azúcar y pon encima de cada uno un trocito de mantequilla. Mete la bandeja en el horno durante unos 5 minutos.

4   Coloca 4 higos en cada plato y vierte por encima la salsa de fresas y frambuesas. Adorna con una ramita de menta. Este postre queda muy bien acompañado con una bola de helado de café.

Otoño ya no es temporada de fresas, pero hoy día se pueden encontrar durante todo el año en muchos grandes comercios, procedentes de invernadero o de importación. Las frambuesas han de ser congeladas.

Los higos que no están totalmente maduros pueden resultar indigestos, por lo que en el momento de la compra hay que asegurarse del grado exacto de madurez. Al contrario que en la mayoría de frutas, la piel rota y con estrías es señal de que el higo está en perfectas condiciones para su consumo.

PROPIEDADES POR RACIÓN:

| Proteínas: 1,23 g | H. Carbono: 20,9 g | Grasas: 8,76 g | Colesterol: 25 mg | Calorías: 167,64 kcal |

8 | 20 min. | 45 min. | | | • | horno | •

Pastel de chocolate con nueces

100 g de chocolate en polvo
  (o cola-cao)

70 g de cacao puro

100 g de nueces

150 g de mantequilla

150 g de azúcar

4 huevos

2 cucharaditas de coñac

15-20 g de levadura de sobre

4 cucharadas de mermelada de
  naranja amarga

Las nueces son el más nutritivo de todos los frutos secos y constituyen un ingrediente habitual de muchas salsas para platos de carne y también de muchos postres, como este pastel de chocolate.

1 Pon en el cuenco hondo los huevos y el azúcar, y bátelos a punto de nieve. Añade la mantequilla y el coñac, y sigue batiendo. Por último, agrega el chocolate en polvo y la levadura, y bate durante 2 minutos más. Agrega la harina y bate durante medio minuto.

2 Precalienta el horno. Agrega las nueces picadas pequeñas y mézclalo todo bien con una cuchara de madera.

3 Unta con mantequilla un molde para el horno y espolvoréalo con harina. Vierte el batido de chocolate y métleo en el horno durante 45 minutos.

4 Sácalo del horno, desmóldalo, déjalo enfriar durante 5 minutos y reparte por toda la superficie la mermelada de naranja amarga.

5 Si no te gusta tan dulce, puedes eliminar la cobertura de mermelada. También puedes hacer el pastel en moldes o cuencos individuales.

Las nueces son los frutos secos más ricos en ácidos grasos poliinsaturados, del tipo omega 3 (como los del pescado azul), que tienen reconocidas propiedades cardiovasculares.

Puedes adornar también la última capa con fideitos de chocolate (los encontrarás en bolsitas) o con nueces caramelizadas, que se hacen preparando un caramelo (azúcar, agua y zumo de limón) y pasándolas por la sartén en el último minuto.

PROPIEDADES POR RACIÓN:

Proteínas: 6,38 g   H. Carbono: 44,78 g   Grasas: 26,94 g   Colesterol: 147,12 mg   Calorías: 453 kcal

6	20 min.	50 min.		●	olla horno	●

Tarta de peras

4 peras maduras

250 g de galletas tipo maría

100 g de mantequilla

2 huevos

2 vasitos de vino dulce

1 vaso de leche desnatada

4 cucharadas de leche condensada

3 cucharadas de maizena

1 palito de canela

1/2 sobre de levadura

1 limón

Las peras aportan a los pasteles y las tartas un sabor y un aroma inconfundibles, y combinadas con vinos dulces y especias como la canela son una auténtica delicia para el paladar.

1　Pela las peras, córtalas en 4 trozos longitudinales (elimina el corazón) y ponlas a hervir en una olla durante 10 minutos con un vaso de vino, la canela y un poco de agua si no han quedado cubiertas. Precalienta el horno a 180 ºC.

2　Tritura las galletas en un cuenco (usa un poco de leche para facilitar la tarea) y agrega la maizena disuelta en el resto de la leche. Por último, incorpora la levadura, el otro vaso de vino y la mantequilla. Mézclalo todo bien hasta que consigas una pasta.

3　Usa esta pasta para forrar un molde para el horno. Bate los huevos con un tenedor y añádeles el zumo del limón, la leche condensada y el jugo que ha quedado de la cocción de las peras. Mezcla bien y vierte en el molde.

4　Coloca encima las peras bien escurridas y mete el molde en el horno durante 40 minutos.

Un truco para que los pasteles acabados queden más brillantes consiste en pintarlos, después de sacarlos del horno, con un poco de gelatina en polvo disuelta en agua.

Las peras maduras de cualquier variedad (menos las llamadas «de agua») son las mejores a la hora de hacer tartas y pasteles, aunque resultan más difíciles de manipular y hay que tener cuidado de que no se deshagan demasiado al cocerlas.

PROPIEDADES POR RACIÓN:

Proteínas: 5,73 g	H. Carbono: 56,30 g	Grasas: 23,21 g	Colesterol: 46,77 mg	Calorías: 471,31 kcal

invierno

Época de frutos secos y de algunas variedades que se resisten a desaparecer, como los melones tendrales, además de las típicas castañas, las almendras, las nueces, las granadas y, cómo no, del esplendor de naranjas y mandarinas.

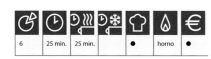

| 6 | 25 min. | 25 min. | | ● | horno | ● |

600 g de mandarinas

100 g de almendras en polvo

250 g de pasta quebrada

130 g de mantequilla

100 g de azúcar

2 huevos

50 g de maizena

2 cucharadas de zumo de naranja

3 cucharadas de kirsch o de licor
de mandarinas

1 cucharada de harina

Tarta de mandarinas y almendras

Los cítricos y los frutos secos pueden formar combinaciones sorprendentes por el agudo contraste de texturas y de sabor. Es el caso de esta tarta de almendras, que combina el más tradicional de los frutos secos con uno de los cítricos más aromáticos.

1 Precalienta el horno a 210 °C. Pela las mandarinas y separa los gajos.

2 En un cuenco, mezcla con un tenedor la mantequilla (guarda un poco para el molde), el azúcar y los huevos hasta que obtengas una pasta. Añade las almendras en polvo y la maizena. Mezcla bien y agrega el licor y el zumo de naranja.

3 Unta con mantequilla un molde, espolvoréalo con harina y fórralo con la pasta quebrada. Rellénalo con la mezcla que has preparado y coloca por encima los gajos de mandarina.

4 Introduce el molde en el horno y déjalo hornear durante 20-25 minutos. Espera a que la tarta se enfríe antes de desmoldarla.

Procura comprar mandarinas de una variedad jugosa. Existen algunos híbridos que, aunque más difíciles de pelar, tienen una carne cargada de zumo.

No escojas nunca mandarinas en las que la piel sea demasiado gruesa y esté separada de los gajos, pues suelen resultar bastante secas. Las mejores mandarinas de temporada aparecen en los mercados en el mes de noviembre.

PROPIEDADES POR RACIÓN:

| Proteínas: 9,46 g | H. Carbono: 61,88 g | Grasas: 42,25 g | Colesterol: 154,33 mg | Calorías: 669,90 kcal |

6-8 | 20 min. | 40 min. | 60 min. | ● | horno | ●

Tatín de manzanas

6 manzanas verdes

500 g de harina

250 g de mantequilla

200 g de azúcar

1 pizca de sal

1 huevo

6 cucharadas de caramelo líquido

La tarta tatín es una tarta de manzana preparada de una forma distinta y original. Su nombre proviene del apellido de sus creadoras, las hermanas Tatin, que regentaban a principios del siglo XX un hotel en la región francesa de Orleans.

1   Prepara la masa en un cuenco con la harina, el azúcar, la sal, el huevo y la mantequilla. Amasa con las manos hasta que quede homogénea. Déjala reposar tapada durante una hora en la nevera.

2   Precalienta el horno a 190 ºC. Pela las manzanas, quítales el corazón y córtalas a láminas o a trozos. Unta el fondo de un molde circular con mantequilla, vierte el caramelo y coloca encima las láminas de manzana, formando una capa.

3   Extiende la masa con el rodillo y dale una forma circular del mismo diámetro que el molde. Colócala sobre las manzanas y empuja hacia el interior del molde el borde sobrante. Pincha la superficie con un tenedor o un cuchillo, para que no se hinche.

4   Mete la tarta en el horno durante unos 40 minutos. Antes de desmoldarla, déjala enfriar un poco. Se sirve tibia.

5   Si quieres adornar más la tarta, pasa por la sartén una manzana cortada en forma de gajos, con un poco de mantequilla y azúcar, y forma con los gajos un lecho para las porciones de tarta.

La originalidad de la tarta tatín reside en la forma de elaboración, pues se trata de una tarta caliente de manzanas invertida, en la que los ingredientes están cocidos al revés, con la fruta abajo y la pasta cubriendo el molde.

Este modo de elaboración proporciona su sabor inconfundible a la auténtica tarta tatín, ya que las manzanas se impregnan con el caramelo como resultado de la combinación de la cocción del azúcar, de la mantequilla y de su propio jugo.

PROPIEDADES POR RACIÓN:

Proteínas: 8,65 g   H. Carbono: 102,54 g   Grasas: 31,43 g   Colesterol: 118 g   Calorías: 727,64 kcal

| 6 | 45 min. | 35 min. | | • | horno | • |

50 g de pasas de corinto

25 g de nueces peladas

1 l de leche desnatada

6 huevos

200 g de azúcar

1 vasito de ron negro de calidad

2 cucharadas de caramelo líquido

1 ramita de vainilla

Flan de pasas y nueces al ron

Los flanes son postres muy fáciles de preparar que sirven como base para recetas muy dispares, desde las ligeras y refrescantes a base de cítricos como las mandarinas o esta otra de frutos secos cargada de energéticos sabores.

1   Trocea las nueces en trozos no demasiado pequeños y déjalas macerar con las pasas cortadas a trocitos durante media hora en un cuenco con el ron. Precalienta el horno a 180 ºC.

2   Pon a calentar en una olla la leche con el azúcar y la vainilla. Antes de que rompa el hervor, retira la olla del fuego y vierte el contenido en un cuenco. Agrega los huevos y bátelo todo bien. Añade las pasas y las nueces, y mezcla a conciencia.

3   Vierte el caramelo líquido en un molde para flan o en varios pequeños y llénalos con la mezcla que has preparado. Mételos en el horno al baño maría durante 35 minutos. Deja enfriar el flan (o flanes) antes de desmoldarlo.

Si te gustan los postres con un sabor más enérgico, puedes aprovechar el ron de la maceración para añadir un poco a la mezcla. Si quieres un sabor más concentrado pero sin rastro de alcohol, calienta el ron en un cazo pequeño hasta que se reduzca y quede casi como un caramelo.

El caramelo líquido se puede encontrar fácilmente en pequeños sobres, pero si lo deseas lo puedes preparar muy fácilmente (tal como se ha descrito en recetas anteriores) en una sartén con azúcar, agua y un poco de zumo de limón.

PROPIEDADES POR RACIÓN:

| Proteínas: 13,65 g | H. Carbono: 53,59 g | Grasas: 8,43 g | Colesterol: 204,33 mg | Calorías: 364,34 kcal |

Tarta de cuajada

7 tarros de cuajada
1 yogur natural, sin azúcar
250 g de azúcar
100 g de mantequilla
130 g de harina
2 huevos
1 limón
1 cucharadita de canela en polvo
1 sobre de caramelo líquido

La cuajada, a medio camino entre el yogur y el requesón, tanto en sabor como en textura, es un alimento muy sano y digestivo, que se puede convertir en la base de una interesante tarta.

1   Bate bien los huevos en un cuenco, añade el azúcar y sigue batiendo hasta que quede todo bien mezclado. Agrega las cuajadas, el yogur y la mantequilla semiderretida y sigue trabajando la mezcla hasta que obtengas una pasta homogénea. Precalienta el horno a 200 ºC.

2   Ve añadiendo poco a poco la harina y después la ralladura de la piel del limón y la canela en polvo. Acaba de mezclarlo todo con una cuchara de madera.

3   Unta un molde con un poco de mantequilla, riégalo con el caramelo y rellénalo con la mezcla que has preparado. Métrelo en el horno durante 45 minutos. Cuando la tarta esté hecha, sácala del horno, déjala enfriar y desmóldala. Puedes adornarla con frutas rojas de cualquier tipo, naturales o en conserva.

La cuajada casera es muy fácil de hacer. El cuajo se compra en las farmacias (se puede encargar si no lo tienen). En vez de la leche de oveja tradicional, se usa leche de vaca fresca y entera.

Se calienta la leche hasta que esté templada y se añaden 2 gotas de cuajo en el bol de cada ración. Se vierte la leche y se deja cuajar hasta que la cuajada esté firme (unos 30 minutos). Cada litro de leche proporciona entre 6 y 8 raciones.

En el mercado también se pueden encontrar sobres de cuajada en polvo que ya llevan incorporado el suero y las instrucciones necesarias para preparar la cuajada.

PROPIEDADES POR RACIÓN:

Proteínas: 15,12 g	H. Carbono: 90,98 g	Grasas: 28,36 g	Colesterol: 168,62 g	Calorías: 679,62 kcal

| 4-6 | 20 min. | 10 min. | | • | olla | • |

1 melón tendral grande (2 kg)

1 taza de azúcar

2 cucharadas de zumo de limón

3 cucharadas de ron negro de calidad

4 cucharadas de menta seca o congelada

Melón al ron con menta y limón

Aunque el melón es una fruta típicamente veraniega, los melones de invierno, muy dulces y grandes, nos permiten disfrutar fuera de temporada del extraordinario aroma de esta fruta.

1   En una olla pequeña, calienta fuego bajo el azúcar, la menta y un vaso de agua. Cuando el azúcar se haya disuelto, deja hervir muy despacio durante 5 minutos.

2   Retira la olla del fuego y cuela el contenido. Añade el zumo de limón y el ron. Mezcla bien y deja enfriar.

3   Parte el melón por la mitad, elimina las semillas y ve sacando bolitas con una cucharilla o un sacabolas, procurando no acercarte demasiado a la piel, para evitar la parte menos madura. También se puede cortar el melón a cuadraditos. No queda tan bonito, pero resulta menos laborioso.

4   Coloca las bolitas en un cuenco grande y añade el jarabe que has preparado. Mézclalo bien, tapa el cuenco y déjalo reposar a temperatura ambiente durante al menos dos horas, removiendo de vez en cuando para que las bolitas se impregnen bien.

5   Este postre es muy adecuado también para el verano. Lo puedes presentar incluso en vasos largos, como una preparación semilíquida.

El melón tendral es la variedad típica del invierno. Es grande, muy dulce, de piel oscura, casi negra, y se conserva durante largo tiempo.

La menta se puede conservar congelada en una bolsa de congelación (directamente, sin hervirla, como se hace por ejemplo, con el tomillo o el perejil). Aguanta hasta 6 meses. También se puede conservar seca, después de secarla al aire o al horno, guardada en un tarro de vidrio hermético.

En verano, este mismo postre se puede preparar mezclando distintas variedades de melón y media sandía, y dejándolo reposar en la nevera.

PROPIEDADES POR RACIÓN:

Proteínas: 2,52 g   H. Carbono: 62,90 g   Grasas: 0,40 g   Colesterol: 0 mg   Calorías: 279,81 kcal

4	25 min.	40 min.		●	horno	●

Flan de queso fresco

150 g de queso tierno (tipo Burgos)
12 nueces
12 pasas de corinto
4 grosellas congeladas
4 huevos
2 vasos de nata líquida
8 cucharadas de azúcar
1/2 limón

Al añadir queso a los flanes se consigue equilibrar en cierto modo el exceso de dulzor de las recetas de flan más tradicionales, además de incorporarles todas las virtudes nutritivas del queso.

1 En una sartén antiadherente, prepara un caramelo con la mitad del azúcar, unas gotas de zumo de limón y 2 cucharadas de agua. Cuando empiece a oscurecerse, vierte el caramelo en un molde de flan o en moldes individuales.

2 Tritura el queso con el tenedor, hasta que obtengas una pasta. Precalienta el horno a 180 ºC. Saca las grosellas del congelador.

3 Bate los huevos y el resto del azúcar en un cuenco, hasta que quede todo bien esponjoso, añade la nata, sigue batiendo, agrega después el queso y continúa hasta que quede una pasta homogénea. Agrega las pasas (previamente remojadas) y remueve un poco con movimientos circulares, con una espátula o cuchara de madera.

4 Vierte la mezcla en el molde y déjalo en el horno al baño maría a durante 40 minutos. Después, deja enfriar el flan, desmóldalo y adórnalo con las nueces picadas o partidas por la mitad, y las grosellas. También puede adornarse con arándanos, o con una porción de queso fresco.

Un truco para saber si los flanes están en su punto consiste en introducir en el centro una aguja de hacer punto o una varilla de las de hacer pinchos. El flan estará hecho cuando la aguja salga totalmente limpia.

Para que los flanes se cuezan de forma más uniforme al baño maría, se puede recubrir la tapadera de la olla o recipiente con un paño de algodón.

Para facilitar el desmoldado posterior, se pueden despegar los flanes con un cuchillo bordeando las paredes cuando estén todavía calientes. Deben desmoldarse siempre cuando ya estén fríos.

PROPIEDADES POR RACIÓN:

Proteínas: 14,37 g	H. Carbono: 53,52 g	Grasas: 38,73 g	Colesterol: 235 mg	Calorías: 620,20 kcal

4	30 min.	10 min.	2 horas	●●	cazo	●

Mousse de chocolate

175 g de chocolate de cobertura
75 gramos de mantequilla
4 huevos
5 cucharadas de azúcar
1 copita de ron negro o coñac
sal

Las mousses, ligeras y aromáticas, son el broche de oro de muchas comidas pero requieren un poco de paciencia. La de chocolate, quizá la más clásica, es una más de las muchísimas variantes de este sabroso postre.

1 Pon a fuego suave un cazo con la leche y el chocolate a trozos pequeños. Cuando el chocolate se haya derretido, retira del fuego y agrega la mantequilla, también a trocitos (conviene sacarla de la nevera media hora antes), y el ron o coñac.

2 Bate bien las yemas con el azúcar en un cuenco, agrega el chocolate y mézclalo todo bien. Deja enfriar.

3 Bate las claras a punto de nieve, con una pizca de sal.

4 Cuando la mezcla de chocolate esté fría, incorpora las claras muy suavemente sin romper la espuma, removiendo con mucho cuidado con movimientos envolventes, hasta que el color de la mezcla quede bien igualado.

5 Reparte la mousse en cuencos individuales y déjalos enfriar en la nevera al menos durante 2 horas. Puedes adornar los cuencos con trocitos de fruta confitada, hojitas de menta fresca (en temporada) o trocitos de corteza de limón hervida antes con un poco de agua y azúcar. También los puedes desmoldar del cuenco y adornarlos con virutas de chocolate.

El gran secreto de esta mousse no es otro que la paciencia a la hora de mezclar el chocolate fundido con las claras a punto de nieve, para que la mezcla quede homogénea y no se pierda la esponjosidad.

Para «batir» a punto de nieve de la forma tradicional se coge el tenedor y se mueve enérgicamente dentro del recipiente, con un movimiento circular y continuo. Lentamente las claras irán adquiriendo una consistencia como de nieve recién caída.

Para lograr un punto de nieve óptimo los huevos deben ser muy frescos. La sal contribuye a que el batido sea más rápido y esponjoso.

PROPIEDADES POR RACIÓN:

Proteínas: 9,23 g	H. Carbono: 47,59 g	Grasas: 36,54 g	Colesterol: 247 mg	Calorías: 579,55 kcal

6 | 30 min. | 60 min. | ●● | horno | ●

250 g de dátiles

150 g de pasas de Corinto

100 g de almendras

1 vasito de zumo de naranja

75 g de harina integral

75 g de harina blanca

100 g de azúcar moreno

1 copita de ron o kirsch

1/2 cucharadita de levadura
   en polvo

1 cucharadita de mantequilla

3 huevos

sal

Tarta de dátiles, naranja y pasas

Una tarta absolutamente mediterránea, que reúne y combina algunos de los frutos más dulces y cálidos del clima de nuestras costas, desde el fruto de las palmeras hasta la esencia de las vides.

1 Deshuesa los dátiles y pícalos pequeños. Ponlos a macerar en un cuenco con el licor, junto con las pasas. Precalienta el horno a 180 ºC.

2 En un cuenco grande mezcla las harinas, los huevos, el azúcar, la levadura, el zumo de naranja y una pizca de sal. Bátelo todo bien.

3 Pica las almendras en el mortero y añádelas a la masa, junto con los dátiles y las pasas. Mézclalo todo hasta obtener una masa homogénea.

4 Unta con la mantequilla un molde circular, vierte en él la mezcla que has preparado y métela en el horno durante 60 minutos. Pasado este tiempo, pincha la tarta con una aguja. Si todavía no sale limpia, déjala un poco más. Antes de desmoldarla, déjala reposar durante 10 minutos. Si te apetece, puedes adornar la tarta con un poco de mermelada de naranja amarga.

Como siempre en este tipo de tartas, si te apetece un sabor más acentuado puedes mezclar un poco del licor de la maceración en la masa, antes de hacer la mezcla final.

Otra opción consiste en usar pequeñas cantidades de otros frutos secos, como nueces o avellanas, o en añadir a la masa algunos gajos de mandarina cortados a trocitos muy pequeños. Finalmente, si quieres una presentación más vistosa, corta en rodajas finas una naranja (con la piel) y repártela por encima de la tarta 10 minutos antes del final.

PROPIEDADES POR RACIÓN:

Proteínas: 10,86 g   H. Carbono: 80,05g   Grasas: 12,54 g   Colesterol: 100,25 mg   Calorías: 496,39 kcal

6-8 | 40 min. | 60 min. | | ●● | horno | ●

600 g de queso cremoso, de untar
1 naranja
1/2 taza de miel de azahar
1 taza de galletas maría picadas
1/2 tacita de nueces picadas
2 cucharadas soperas de harina
2 cucharadas de mantequilla
4 cucharadas de azúcar
4 huevos
1/2 cucharadita de canela en polvo
1 cucharadita de vainilla en polvo

Si quieres hacer este pastel en verano, antes de servirlo puedes dejarlo reposar en la nevera durante un par de horas.

Para darle un toque más ácido se puede exprimir la naranja antes de ralllar la piel y añadir el zumo a la mezcla de relleno. También se puede aromatizar con una cucharadita de licor de naranja o media copita de Cointreau.

Pastel de queso, naranja y miel

Un pastel consistente y nutritivo, muy adecuado para las épocas en que el organismo necesita energía para combatir los fríos invernales y un aporte adecuado de calorías.

1   Pica bien las galletas (la cantidad necesaria hasta llenar una taza) y después amasa la harina resultante con la mantequilla, en un cuenco grande. Si ves que está demasiado espesa para trabajarla, añade unas gotas de leche desnatada.

2   Añade las nueces bien picadas (casi en forma de pasta), 2 cucharadas de azúcar y la canela. Mézclalo todo bien. Forra un molde circular con esta mezcla y métela en la nevera. Precalienta el horno a 200 ºC.

3   Ralla la piel de la naranja y resérvala. En otro cuenco, bate el queso con el resto del azúcar, la miel, la harina y la vainilla. Mezcla bien hasta que obtengas una crema. Añade los huevos y sigue batiendo. Al final, agrega la ralladura de naranja.

4   Vierte la crema en el molde y métela en el horno durante una hora, después de bajar la temperatura a 170 ºC. Retira del horno y deja enfriar antes de desmoldar y servir

PROPIEDADES POR RACIÓN:

Proteínas: 17,72 g   H. Carbono: 28,77 g   Grasas: 33,41 g   Colesterol: 192,43 mg   Calorías: 487,24 kcal

| 6 | 20 min. | 10-20 min. | | • | cazuela horno | • |

Tarta de limón

250 g de pasta quebrada

14 cucharadas de azúcar

4 huevos

4 limones

6 grosellas congeladas (optativo)

La tarta de limón es otro gran clásico del mundo de la repostería y los postres, en el que la acidez del limón queda suavizada por el resto de ingredientes dulces.

1   Estira bien la pasta con el rodillo y forra con ella molde. Métalo en el horno a 170 ºC durante 5-10 minutos, según el grosor, hasta que empiece a dorarse.

2   En una cazuela pequeña, calienta a fuego bajo el zumo de los 4 limones con 2 huevos enteros y 2 yemas (batidos previamente). Reserva las claras de los 2 huevos.

3   Mezcla bien, removiendo sin parar para que no se cuaje, y añade poco a poco 10 cucharadas de azúcar. Sigue removiendo hasta que quede una crema espesa.

4   Rellena el molde con la crema de limón, bate las claras reservadas a punto de nieve con el resto del azúcar y cubre con ellas la superficie de la tarta. Distribuye por encima las grosellas (si has decidido usarlas) y mete en el horno a gratinar durante 5-10 minutos.

Si te apetece contrastar la acidez del limón con un punto más de dulzor y una textura todavía más melosa, puedes sustituir la mitad del azúcar del paso tres por 2-3 cucharadas de leche condensada.

Si deseas adornar más la tarta, prepara un merengue montando a punto de nieve 2 claras con 2 cucharadas de azúcar glass. Después, distribuye el merengue por encima de la tarta con una manga pastelera y gratínalo durante 2 minutos más.

PROPIEDADES POR RACIÓN:

Proteínas: 7,84 g   H. Carbono: 75,15 g   Grasas: 17,02 g   Colesterol: 167 mg   Calorías: 496,76 kcal

Arroz con leche

1 l de leche desnatada

1 vaso de nata líquida

115 g de arroz

100 g de azúcar

3 ramitas de canela

1 limón

6-8 ramitas de canela (optativo)
  para adornar

  ralladura de chocolate (optativo)

Una receta tradicional y sencillísima, que proporciona al arroz, gran protagonista de la cocina mediterránea del pescado y la carne, un rostro totalmente nuevo al convertirlo en un postre dulce y aromático.

1   Pon a cocer en una cazuela la nata, la leche, las 3 ramitas de canela, un par de trozos de corteza de limón y el arroz. Remueve cada 2 o 3 minutos. Cuando el arroz esté al dente, añade el azúcar, mezcla bien y deja cocer un poco más, hasta que el arroz esté hecho (3-4 minutos más).

2   Retira las ramas de canela, reparte en arroz en cuencos o en cazuelitas de barro individuales y deja enfriar a temperatura ambiente.

3   Para adornar, quedan muy bien la ralladura de chocolate y un palito de canela (sin coger) clavado en cada cuenco.

El arroz con leche se suele adornar espolvoreando por encima de la superficie un poco de canela en polvo. También se puede rematar con un poco de merengue, gratinando entonces durante un par de minutos a horno medio.

Es muy importante que el arroz no sobrepase el punto de cocción, ya que entonces el postre queda como una pasta espesa. Lo ideal es acabar la cocción de la mezcla cuando está al dente, para que los granos acaben de hincharse mientras se enfría. Hay que señalar, sin embargo, que muchas personas prefieren un postre cremoso, dejando que el arroz se cueza del todo.

PROPIEDADES POR RACIÓN:

Proteínas: 7,22 g   H. Carbono: 34,16 g   Grasas: 4,70 g   Colesterol: 18,28 mg   Calorías: 207,75 kcal

Tarta de manzana

6 manzanas reinetas

200 g de crema pastelera

200 g de hojaldre congelado

100 g de mantequilla

4 cucharadas de mermelada de
   melocotón o albaricoque
   (optativo)

La tarta de las tartas, elaborada con la fruta más universal, la manzana.
Un postre facilísimo de hacer, que siempre es bienvenido y nos puede sacar
de más de un apuro.

1   Saca el hojaldre del congelador y déjalo descongelar a temperatura ambiente
    al menos media hora antes de usarlo. Precalienta el horno a 180 ºC.

2   Estira bien las láminas de hojaldre dándoles la forma del molde que vayas a usar,
    y procurando que queden bastante finas. Cubre con ellas el molde y recorta los
    bordes sobrantes.

3   Pela las manzanas, elimina el corazón y córtalas a gajos de medio centímetro
    aproximadamente. Vierte en el molde la crema pastelera, y distribuye por encima
    las manzanas y la mantequilla a trocitos.

4   Mete en el horno durante media hora. Cinco minutos antes del final, pinta toda la
    superficie con la mermelada, si has decidido usarla. Si vas a desmoldar la tarta,
    debes esperar a que se enfríe.

Si quieres una tarta un poco más
dulce, puedes caramelizar el molde
antes de colocar el hojaldre. Hay que
esperar a que el caramelo esté
totalmente frío antes de incorporar el
relleno.

Esta sencilla receta tiene una variante
todavía más sencilla: se forra la
bandeja del horno con papel de
aluminio, se toman unas rebanadas
de pan de molde sin corteza, se untan
con mantequilla y se ponen encima
los gajos de manzana, se espolvorean
con azúcar y canela, y se hornean
sobre el papel de aluminio hasta que
se doren.

PROPIEDADES POR RACIÓN:

Proteínas: 5,79 g   H. Carbono: 63,92 g   Grasas: 38,19 g   Colesterol: 143 mg   Calorías: 622,58 kcal

Tiramisú

24 bizcochos de soletilla

600 g de queso mascarpone

3 huevos

1 vaso de café frío (puede ser
   descafeinado)

100 g de azúcar

1 cucharadita de vainilla en polvo

1 vasito de vino marsala (u oporto)

1/2 vaso de coñac (o licor de café)

3 cucharadas de cacao en polvo

El rey de los postres italianos, famoso internacionalmente a pesar de su juventud (no llega a las cuatro décadas) y de que ha evolucionado mucho a partir de la receta tradicional sin mascarpone.

1   Bate las yemas con batidora hasta que se espesen. Añade poco a poco el azúcar (reserva una cucharada), sin dejar de batir, hasta que consigas una crema bien esponjosa.

2   Vierte el batido en un cuenco grande, añade el vino y el queso, y mézclalo todo bien. Bátelo de nuevo hasta lograr una mezcla homogénea. Agrega la vainilla.

3   Bate las claras a punto de nieve firme y mézclalas suavemente con la crema de queso.

4   En otro cuenco, vierte el café y el coñac (o el licor) y mézclalos bien con el azúcar reservado.

5   Cubre el fondo de una bandeja honda con una capa de bizcochos y remójala con la mezcla de café y coñac hasta que queden semiempapados.

6   Recubre esta primera capa con un tercio de la crema de queso. Alisa bien, coloca una nueva capa de bizcocho y remójala con el líquido. Vuelve a cubrir con otro tercio de la crema, cubre con la última capa de bizcocho y remata la faena con la crema de queso restante. Espolvorea con el cacao en polvo y mete la bandeja en la nevera al menos durante 3 horas, aunque lo ideal es consumir el tiramisú al día siguiente.

Aunque se puede hacer con otros quesos, el mascarpone (especial para este postre) es el más indicado con diferencia. Se puede encontrar sin ninguna dificultad en los grandes supermercados y en las tiendas de productos italianos.

El mejor sustituto del mascarpone es el queso cremoso tipo philadelphia, u otra marca de queso para untar, siempre que no sea de sabor fuerte. También se puede usar ricotta, que es un queso bastante más ligero que el mascarpone, o una mezcla a partes iguales de los dos quesos.

PROPIEDADES POR RACIÓN:

Proteínas: 20,32 g	H. Carbono: 94,03 g	Grasas: 39,29 g	Colesterol: 332,25 mg	Calorías: 840,87 kcal

índice

A

Albaricoques al horno 44
Arroz con leche 120

B

Brochetas de frutas con chocolate 42
Buñuelos de Cuaresma 36
Buñuelos de fresas 20

C

Ciruelas al horno con nueces 22
Crema catalana 24
Crema de albaricoques 16
Crema de mandarina y té 72
Crema de yogur y manzanas 30
Crema de zumo de frutas 38

F

Flan de frutas rojas 18
Flan de mandarina 82
Flan de pasas y nueces al ron 104
Flan de queso fresco 110
Fresas con requesón 54
Fruta gratinada al calvados 56

H

Higos al horno con frutas del bosque 92

M

Macedonia de frutas 14
Manzanas rellenas al horno 84
Melocotones con yogur y vinagre de Módena 46
Melocotones melba 80
Melocotones rellenos al horno 52
Melón al oporto 86
Melón al ron con menta y limón 108

Melón al yogur 60
Mousse de cerezas 58
Mousse de chocolate 112
Mousse de moras, manzana y naranja 68

P

Pastel de chocolate con nueces 94
Pastel de ciruelas 62
Pastel de higos frescos 78
Pastel de membrillo y queso 88
Pastel de plátano al ron 26
Pastel de queso, naranja y miel 116
Pastel de requesón 32
Peras al vino tinto 34
Peras rellenas al oporto 76
Puding de arroz con puré de frutas 64

S

Sorbete de sandía al cava 48

T

Tarta de castañas 90
Tarta de cerezas 50
Tarta de cuajada 106
Tarta de dátiles, naranja y pasas 114
Tarta de fresas y nueces 66
Tarta de limón 118
Tarta de mandarinas y almendras 100
Tarta de manzana 122
Tarta de naranja 28
Tarta de peras 96
Tarta de uvas 74
Tatín de manzanas 102
Tiramisú 124